普通高等院校"十三五"规划教材 ◀ ◀ ◀

基础会计模拟实训

JICHU KUAIJI MONI SHIXUN

苏丽娟　陈星宇　侯风亮◎主　编
艾　雪　庄　严　焦争昌　王兴贵◎副主编
　　　　　　　王　琴　叶慧菁◎参　编

清华大学出版社
北　京

内 容 简 介

本书以"基础会计"课程阐述的内容为基础，选择实际工作中重要的岗位，按照应用型人才的培养要求进行编写。全书分为两部分：实训部分和手工实训用纸，其中，实训又分为单项实训和综合实训，单项实训包括会计基础操作规范、会计账簿的建立、会计凭证的填制和审核、会计账簿的登记、账务处理程序、核对表的编制、会计报表的编制，以及会计档案的整理和实训报告的撰写，综合实训主要是系统的仿真练习。本书的编写以会计人员的具体工作为重点，提出实训的具体目标、实训资料及相关要求。学生可以自行将实训表单剪裁、粘贴，编制相关记账凭证，登记相关会计账簿，为尽快独立胜任会计岗位的工作奠定坚实的基础。

本书可作为高等院校应用型本科、高职高专会计专业教学辅助用书，也可供其他跨专业的学生选修使用。

本书封面贴有清华大学出版社防伪标签，无标签者不得销售。
版权所有，侵权必究。举报：010-62782989，beiqinquan@tup.tsinghua.edu.cn。

图书在版编目(CIP)数据

基础会计模拟实训／苏丽娟，陈星宇，侯风亮主编．—北京：清华大学出版社，2018(2024.8重印)
(普通高等院校"十三五"规划教材)
ISBN 978-7-302-49321-1

Ⅰ.①基… Ⅱ.①苏… ②陈… ③侯… Ⅲ.①会计学-高等学校-教材 Ⅳ.①F230

中国版本图书馆 CIP 数据核字(2018)第 004250 号

责任编辑：刘志彬
封面设计：汉风唐韵
责任校对：宋玉莲
责任印制：刘海龙

出版发行：清华大学出版社
网　　址：https://www.tup.com.cn, https://www.wqxuetang.com
地　　址：北京清华大学学研大厦 A 座　　邮　编：100084
社 总 机：010-83470000　　邮　购：010-62786544
投稿与读者服务：010-62776969, c-service@tup.tsinghua.edu.cn
质量反馈：010-62772015, zhiliang@tup.tsinghua.edu.cn

印 装 者：北京嘉实印刷有限公司
经　　销：全国新华书店
开　　本：185mm×260mm　　印　张：18.5　　字　数：294 千字
版　　次：2018 年 2 月第 1 版　　印　次：2024 年 8 月第 9 次印刷
定　　价：52.00 元

产品编号：075435-01

前　言

应用型人才是指能将专业知识和技能应用于所从事专业社会实践中的一种专门人才类型,能熟练掌握社会生产或社会活动一线的基础知识与基本技能,主要从事一线生产的技术或专业人才。培养应用型人才即培养符合社会发展需要的高素质、应用型、实践型的专门人才,对于会计类专业来说,即将会计专业理论知识学习与专业技能培养有机地结合起来,将"教、学、做"融为一体,着重培养学生的会计岗位工作实践能力。

本书以"基础会计"课程阐述的内容为基础,选择实际工作中重要的岗位,按照应用型人才的培养要求进行编写。全书分为两部分:实训部分和手工实训用纸,其中,实训又分为单项实训和综合实训,单项实训包括会计基础操作规范、会计账簿的建立、会计凭证的填制和审核、会计账簿的登记、账务处理程序、核对表的编制、会计报表的编制,以及会计档案的整理和实训报告的撰写,综合实训主要是系统的仿真练习。本书的编写以会计人员的具体工作为重点,提出实训的具体目标、实训资料及相关要求。学生可以自行将实训表单剪裁、粘贴,编制相关记账凭证,登记相关会计账簿,为尽快独立胜任会计岗位的工作奠定坚实的基础。

"基础会计实训"是会计类专业的一门核心实训课程,是会计专业知识结构中最基础、最重要的部分之一。本书弥补了传统基础会计实训教材忽视操作规范、岗位职责、职业意识、职业素养和职业能力形成等方面的缺陷,并在以下三方面有所创新:

第一,贴近会计工作流程。本书所选用的会计核算资料均来源于企业会计工作中经常发生的真实的经济业务,所使用的原始凭证、记账凭证、会计账簿等都是仿真的,目的就是让学生在学习中接触、熟悉、使用真实的会计资料,增加感性认知,为今后走上会计岗位、胜任会计工作奠定良好的基础。

第二,突破了以学科体系为主的传统教材模式,构建了体现职业岗位能力的项目教学体系。本书中的实训项目来源于由行业企业专家进行系统的社会调查、分析、总结出来具有代表性的工作项目和工作任务。

第三，内容选取体现课程内容的职业性、实践性和实用性的特点。紧紧围绕完成会计核算工作任务需要选择内容，在本书的编写过程中坚持以国家最新的《企业会计准则》和财务会计制度为依据，较好地提高了知识的时效性。

在编写本书的过程中，编者参考了大量的文献资料，在此向这些文献资料作者表示感谢。刘建国教授为本书的编写提供了大量的帮助，在此表示衷心感谢！由于编者水平有限，同时教材改革也需要一个探索的过程，书中难免存在疏漏或不当之处，恳请广大教师和读者指正。

目 录

实训一	**会计基础操作规范**	**1**
任务一	会计书写规范	1
任务二	会计摘要书写规范	4
实训二	**会计账簿的建立**	**6**
任务一	建立新账的前期准备	6
任务二	建立新账	11
实训三	**会计凭证的填制和审核**	**15**
任务一	原始凭证的填制和审核	15
任务二	记账凭证的填制和审核	24
实训四	**会计账簿的登记**	**31**
任务一	登记账簿	31
任务二	更正错账	39
任务三	对账和结账	45
实训五	**账务处理程序**	**51**
任务一	记账凭证账务处理程序	51
任务二	汇总记账凭证账务处理程序	52
任务三	科目汇总表账务处理程序	54
实训六	**核对表的编制**	**56**
任务一	试算平衡表的编制	56
任务二	编制银行存款余额调节表	57

实训七　会计报表的编制　　　　　　　　　　　　　　　　59

　　任务一　资产负债表的编制 …………………………………… 59

　　任务二　利润表的编制 ………………………………………… 62

实训八　会计档案的整理和实训报告的撰写　　　　　　　　66

　　任务一　整理装订会计凭证 …………………………………… 66

　　任务二　撰写实训报告 ………………………………………… 69

实训九　基础会计综合实训　　　　　　　　　　　　　　　　71

手工实训用纸　　　　　　　　　　　　　　　　　　　　　　77

参考文献 ……………………………………………………… 289

1 实训一
会计基础操作规范

实训要求

掌握阿拉伯数字、中文大写数字及摘要的书写。

任 务 一 会计书写规范

会计书写的内容主要有阿拉伯数字和文字等。

会计书写的基本规范是正确、规范、清晰、整洁。

正确,是指对经济业务发生过程中的数字和文字进行准确、完整地记载。它是会计书写的最基本的规范要求。

规范,是指记载各项经济业务的数字和文字的书写必须符合财经法规和会计制度的各项规定。从记账、核算、分析到编制财务报告,都力求书写规范,文字表述精准,同时要严格按书写格式写。

清晰,是指书写字迹清楚,容易辨认,账目条理清晰,使人一目了然。

整洁,是指无论凭证、账簿、报表,必须干净、清洁、整齐分明,无参差不齐及涂改现象。

一、阿拉伯数字书写规范

(一)阿拉伯数字书写要求

(1) 书写顺序。阿拉伯数字的书写顺序是从左到右,从高位到低位。

(2) 斜度。阿拉伯数字在书写时应有一定的斜度。倾斜角度的大小应以笔顺书写方便、好看、易认为准,不宜过大或过小,一般可掌握在60°左右,即阿拉伯数字的中心线与底线为60°的夹角。

(3) 高度。阿拉伯数字书写应紧靠横格底线,其上方留出全格的1/2,即阿拉伯数字沿底线占全格的1/2。另外，数字6的上端比其他阿拉伯数字高出1/4，数字7和9的下端比其他阿拉伯数字低1/4。有圆的数字，如6、8、9、0等，圆圈必须封口。阿拉伯数字手写的字样如图1-1所示。

图1-1 阿拉伯数字手写字样

（4）间距。每个阿拉伯数字要大小一致，每一格只能写一个数字，数字的排列要整齐，数字之间的空隙应均匀。同行的相邻数字之间要空出半个阿拉伯数字的位置。

（5）如果没有账格线，数字书写时要同数位对齐书写。数字书写时，可以从小数点向左或向右按三位一节空一个位置，作为分节号，以便读数和汇总计算。

（二）大写数字转换为阿拉伯数字

大写数字转换为阿拉伯数字时，如果表示金额，阿拉伯数字前面应当写货币符号，货币符号与阿拉伯数字之间不得留有空格。阿拉伯数字书写到分位为止，元位以下保留角、分两位小数，以下四舍五入。元和角之间要用小数点"."隔开，没有角和分时，应在小数点后写"0"，数字后面不再写货币单位。

二、文字书写规范

文字是会计核算和所形成的各种会计记录中不可或缺的媒介，离开文字说明的数字是无意义的，只有与文字说明有机地结合起来，数字才成为有意义的会计信息，才能表明经济活动的性质和量的变化及结果。会计书写中的文字包括会计科目、费用项目、计量单位、摘要、财务分析报表中的文字，以及大写数字等。

（一）文字的书写要求

（1）内容简明扼要、准确。用精简的文字把业务的内容表述清楚、完整，不超过栏格。账户名称要写全称，细目也要准确。

（2）字迹工整、易认。书写须用楷书或行书，不能用草书，字的大小要一致、协调，让人易辨认清楚。

（二）大写数字的书写要求

大写数字是中国特有的数字书写方式，利用与数字同音的汉字取代数字，以防止数目被涂改，用于填制销货发票、银行结算凭证、收据等重要原始凭证。大写数字包括"壹、贰、叁、肆、伍、陆、柒、捌、玖、拾、佰、仟、万、亿"，与小写数字"一、二、三、四、五、六、七、八、九、十、百、千、万、亿"对应。大写数字在书写时不能写错，如大写数字书写出错，则本张凭证作废，重新填制。

（1）大写金额前要加"人民币"字样，"人民币"与首位数字之间不留空位，写数与读数顺序要一致。

（2）人民币以元为单位。大写金额到元或角为止的，在"元"或"角"字之后应当写

"整"字或"正"字,大写金额有分的,"分"字后不写"整"字或"正"字。

(3)"零"字的写法。阿拉伯数字中间有"0"时,大写金额要写"零"字;阿拉伯数字中间连续有几个"0"时,大写金额中可以只写一个"零"字;阿拉伯数字元位是"0",或者数字中间连续有几个"0",元位也是"0"时,大写金额可以只写一个"零"字,也可以不写"零"字;阿拉伯数字角位是"0",而分位不是"0"时,大写金额元后面应写"零"字。

(4)当阿拉伯数字首位是"1"时,大写金额前面必须写上"壹"字,如10元应写作"壹拾元整"。

(5)不能用不规范的简化字代替,如以"另"代"零",以"两"代"贰",以"廿"代"贰拾"等。

(6)书写大写数字票据日期。在会计工作中,经常要填写支票、汇票和本票,这些票据的出票日期必须使用大写数字。为了防止变造票据的出票日期,在填写月时,月为1、2和10的,应在其前面加"零",如零壹、零贰和零壹拾。日为1~9和10、20、30的,应在其前面加"零",如零壹~零玖和零壹拾、零贰拾、零叁拾;日为11~19的,应在其前面加"壹",如壹拾壹~壹拾玖。

三、书写规范示例

【例1-1】1 234 567 890 应写成:

1234 567 890

【例1-2】8 734 560 应写成:

8 734 560

【例1-3】人民币 105 846 元,应写成:人民币壹拾万零伍仟捌佰肆拾陆元整。

【例1-4】人民币 1 000 846 元,应写成:人民币壹佰万零捌佰肆拾陆元整。

【例1-5】人民币 1 860.96 元,应写成:人民币壹仟捌佰陆拾元零玖角陆分;也可写成:人民币壹仟捌佰陆拾元玖角陆分。

【例1-6】人民币 86 000.80 元,可以写成:人民币捌万陆仟元零捌角整;也可写成:人民币捌万陆仟捌角整。

【例1-7】1月12日,应写成:零壹月壹拾贰日。

【例1-8】2017年4月9日,应写成:贰零壹柒年零肆月零玖日。

四、实训要求

(1)按规范书写阿拉伯数字,0~9十个阿拉伯数字反复书写30遍,且符合标准,一级2.5分钟内完成,二级3分钟以内完成,三级3.5分钟以内完成,四级4分钟以内完成。会计专业学生应达到三级标准。

（2）将大写数字转换为阿拉伯数字，并将阿拉伯数字转换为大写数字，学会使用分节号。

（3）按规范书写大写数字，试试在5分钟内能否写完。

（4）填写实训表单1-1~实训表单1-4。

任务二　会计摘要书写规范

一、会计摘要书写的规范要求

会计凭证中，有关经济业务的内容摘要必须真实。在填写"摘要"时，既要简明，又要全面、清楚，应以说明问题为主。写物要有品名、数量、单价；写事要有过程；银行结算凭证要注明支票号码、去向；送存款项要注明现金、支票、汇票。遇有冲转业务，不应只写冲转，应写明冲转某年、某月、某日、某项经济业务和凭证号码，也不能只写对方账户。"摘要"要能够正确、完整地反映经济活动和资金变化的来龙去脉，切忌含糊不清。

（一）简单明了

有些会计人员单纯追求"简单"，但却不明了，如收、付款凭证，只写"收款""付款"两字，转账凭证只写"转成本""调整科目"等。其实只要稍微多加几个字，其意义就会很清楚，例如，对于收付款业务，摘要应写明收付款的性质，即写明收什么款，付什么款，如"收新华厂销货款""收大成公司投资款""付包装物押金""付购料款""付商业汇票款"等；对于转账业务，应写明转账内容，如"结转材料差异""转入库材料成本""转出库材料成本""转产品销售成本""收入转本年利润""购设备未付款"等。

（二）字迹清楚，语法通顺

略。

（三）内容要与附件相符

在实际工作中，有的摘要写着"归还某单位的垫款"，可实际凭证是汇出销货款，有的将收入款计入应付款，有的是笔误所致，有的是对业务不理解，也有的是为了隐瞒业务真相。总之，附件能真正表明业务的发生及完成情况，应根据附件的内容总结业务的性质，概括其业务内容，让人一目了然。有的会计将原始凭证的内容全写入摘要栏，导致过账时摘要写得篇幅过多。

（四）摘要中需要反映必要的数字

在摘要中务必注明经济业务所属的时间，不仅可以有效防止发生漏记、重记的可能，而且便于单位间的账务查询。例如，收到上级部门拨入某月经费；缴纳某月水费、电费、电话费、各项保险金、个人所得税等；提取某季度困难补助、奖金等；提取职工福利费、职工教育费、工会经费等。

（五）冲账凭证摘要的书写规范

对于记账后的记账凭证，如果发现错误，则用红字冲销原错误凭证时的摘要为"注销某月某日某号凭证",同时,用蓝字编写正确的记账凭证时摘要为"订正某月某日某号凭证"。对于只有金额错误的会计分录,在编制调整数字差额凭证时摘要为"调整某月某日某号凭证"。如果所修改的是往年的错误凭证,那么,在"某月某日"前务必加上"某年"字样。在注销、订正或调整某张错误凭证的同时,应在被修改的记账凭证摘要的下面手工注明"该凭证在某月某日某号凭证已更正"的标记,表示该凭证已被修改完毕。

总之,凭证摘要的书写虽不能像会计科目那样规范标准,但作为会计人员,应努力提高自己对会计业务事项的表达和概括能力,力求使摘要的书写标准化、规范化。

二、书写规范示例

【例1-9】张三用现金购买办公用笔3 000元,摘要为"张三报办公用笔款"。

【例1-10】李四借购资料款7 000元,摘要为"李四借购资料款",而不能写成"李四借款",更不能写成"借款"。

【例1-11】王五借5 000元去重庆开会,回来报账时,差旅费开支1 000元;会务费开支800元;为资料室购买图书用去1 200元;退回余款2 000元。按每项经济业务对应的会计分录,其摘要分别写成"王五报重庆开会旅费""王五报会务费""王五报资料费""王五退还借款"。

三、实训要求

(1) 摘要的书写要能在正确表达意思的前提下简明、扼要。
(2) 填写实训表单1-5。

实训考核表

实训项目		实训能力成绩	出勤成绩
阿拉伯数字的书写	1. 阿拉伯数字的书写		
	2. 小写金额的书写		
	3. 大写数字转换成阿拉伯数字		
汉字的书写	1. 大写数字的书写		
	2. 阿拉伯数字转换成大写数字		
	3. 会计摘要的书写		
成绩总和			
备注			
学生签字:	教师签字:	日期:	

实训二 会计账簿的建立

实训要求

掌握建账的过程。

任务一 建立新账的前期准备

一、账簿及账页格式的选择标准

建账就是企业根据具体行业要求和将来可能发生的会计业务情况，购置所需要的账簿，然后根据企业日常发生的业务情况和会计处理程序登记账簿。任何企业在建账时都要考虑以下问题。

（1）与企业相适应。企业规模与业务量是成正比的，规模大的企业，业务量大，分工也复杂，会计账簿需要的种类和册数也多。企业规模小，业务量也小，设置账簿时就没有必要设许多账，所有的明细账可以合成一两本。

（2）依据企业管理需要。建立账簿是为了满足企业管理需要，为管理提供有用的会计信息，所以在建账时以满足管理需要为前提，避免重复设账、记账。

（3）依据账务处理程序。企业业务量大小不同，所采用的账务处理程序也不同。企业一旦选择了账务处理程序，也就选择了账簿的设置。

不同的企业在建账时所需要购置的账簿是不相同的，总体来讲，要根据企业规模、经济业务的繁简程度、会计人员的数量、采用的核算形式，以及企业电子化程度来确定。但无论何种企业，都有现金和银行存款日记账，另外还须设置相关的总账和明细账。需说明的是，明细账有许多账页格式，首先确定账页的格式，如借贷余三栏式、多栏式、数量金额式等，然后根据明细账的多少选择所需要的封面和装订明细账用的账钉或线。另外，建账初始必须购置记账凭证、记账凭证封面、记账凭证汇总表、记账凭证装订线、装订工具等。为报表方便,还应购买空白资产负债表、利润表(损益表)、现金流量表等相关会计报表。

二、账簿及账页格式的选择示例

(一)日记账账簿及账页格式的选择

不同的会计核算组织形式下,日记账的具体用途是不同的。通常设置的日记账主要包括现金日记账和银行存款日记账。除非企业现金收付业务特别繁多,一般情况下,只设置三栏式的现金日记账(见图2-1)。

现金日记账

第_____页

年		凭证		摘要	借方										贷方										借或贷	余额										核对
月	日	种类	号数		亿	千	百	十	万	千	百	十	元	角	分	亿	千	百	十	万	千	百	十	元	角	分		亿	千	百	十	万	千	百	十	元	角	分	

图2-1 三栏式现金日记账

银行存款日记账是用来记录银行存款收付业务的特种日记账。其设计方法与现金日记账基本相同,但须将账簿名称改为"银行存款日记账",并将账页左上角的科目名称改为"银行存款"。一般企业也只设置三栏式的银行存款日记账,其基本格式可参照现金日记账,不另赘述。

(二)总账账簿及账页格式的选择

总账即总分类账的简称,一般采用三栏式(见图2-2),还可结合各种形式的汇总而采用多栏式(如日记总账)。其中,三栏式是普遍采用的总账基本格式。

(三)明细账账簿及账页格式的选择

明细账即明细分类账的简称,其比较更为复杂,一般有借贷余三栏式(见图2-3)、数量金额式(见图2-4)和多栏式(见图2-5)。其中,借贷余三栏式适用于一般账户的明细账;数量金额式适用于实物资产的明细账;多栏式明细账则是根据经济业务的特点和经营管理的需要,在账页上设置专栏,主要用于登记明细项目多、借贷方向单一的经济业务,如采购、生产,以及费用账户的明细账户,一般采用贷方多栏式。此外,本年利润的形成和分配类的科目,以及"应交税费——应交增值税"等科目,则须采用借贷双方均为多栏式的明细账。

总 分 类 账

一级科目

年		凭证		摘要	借方 亿千百十万千百十元角分	贷方 亿千百十万千百十元角分	借或贷	余额 亿千百十万千百十元角分	核对
月	日	种类	号数						
				过次页					

图 2-2 三栏式总分类账

明 细 分 类 账

页次_____ 子目名称_____
科目_____ 级目名称_____

年		凭证字号	摘要	借方 亿千百十万千百十元角分	√	贷方 亿千百十万千百十元角分	借或贷	余额 亿千百十万千百十元角分	√
月	日								

图 2-3 借贷余三栏式明细账

商品明细分类账

总第_____页分第_____页

类别_____
计量单位_____
产地_____
票证_____

年		凭证		摘要	借（收入）方			贷（发出）方			余（结存）额		
月	日	种类	号数		数量	单价	金额 千百十万千百十元角分	数量	单价	金额 千百十万千百十元角分	数量	单价	金额 千百十万千百十元角分

图 2-4　数量金额式明细账

图 2-5 多栏式明细账

企业究竟选择和使用何种账簿，要视企业规模大小、经济业务的繁简、会计人员的分工、采用的核算形式，以及记账的电子化程度等因素而定。无论在哪种情况下，都要设置现金和银行存款日记账这种序时账簿。采用记账凭证核算形式、汇总记账凭证核算形式和科目汇总表核算形式，以及多栏式日记账核算形式时，则应设置一本总分类账簿和多本明细分类账簿。不同单位和核算形式须设置的账簿体系可参考表2-1。

表2-1 不同单位和核算形式须设置的账簿体系

单位特点	应采用的核算形式	设置的账簿体系
小规模企业 （小规模纳税人）	记账凭证核算	现金、银行存款日记账；固定资产、材料、费用、明细账；总账
大中型企业单位 （一般纳税人）	科目汇总表核算、汇总记账凭证核算	序时账同上；固定资产、材料、应收(付)账款、其他应收应付款、长(短)期投资、实收资本、生产成本、费用等明细账；总账

任务二 建立新账

一、建立新账的步骤

新建单位或原有单位在年度开始时，会计人员均应根据核算工作的需要设置应用账簿，即平常所说的"建账"。建账的基本程序如下。

第一步：按照需要使用的各种账簿的格式要求，预备各种账页，并将活页的账页用账夹装订成册。

第二步：在账簿启用及交接表上，写明机构名称、账簿名称、账簿编号、账簿页数、启用日期，以及经营人员姓名，并加盖名章和单位公章。记账人员或会计主管人员在本年度调动工作时，应注明交接日期、接管人员和监交人员姓名，并由交接双方签名或盖章，以明确经济责任。

第三步：按照会计科目表的顺序、名称，在总账账页上建立总账账户，并根据总账账户明细核算的要求，在各个所属明细账户上建立二级、三级等明细账户。原有单位在年度开始建立各级账户的同时，应将上年账户余额结转过来。

第四步：启用订本式账簿，应从第一页起到最后一页止顺序编定号码，不得跳页、缺号；使用活页式账簿，应按账户顺序编列本户页次号码。各账户编列号码后，应填写账簿目录表，将账户名称、页次登入目录内，并在各账户上粘贴索引纸即设置账户标签，写明账户名称，以利检索。

二、建账的原则

（一）日记账建账的原则

（1）账页的格式一般采用三栏式。现金日记账和银行存款日记账的账页一般采用三栏式，即借方、贷方和余额三栏，并在借贷两栏中设有"对方科目"栏。

（2）账簿的外表形式必须采用订本式。现金和银行存款是企业流动性最强的资产，为保证账簿资料的安全性和完整性，财政部《会计基础工作规范》第五十七条规定："现金日记账和银行存款日记账必须采用订本式账簿。不得用银行对账单或者其他方法代替日记账。"

（二）总账的建账原则

（1）总账科目名称应与国家统一会计制度规定的会计科目名称一致。总账具有分类汇总记录的特点，为确保账簿记录的正确性和完整性，以提供会计要素的完整指标，企业应根据自身行业特点和经济业务的内容建立总账，其总账科目名称应与国家统一会计制度规定的会计科目名称一致。

（2）依据企业账务处理程序的需要选择总账格式。根据财政部《会计基础工作规范》的规定，总账的格式主要有三栏式、多栏式（日记总账）、棋盘式和科目汇总表总账等。企业可依据本企业会计账务处理程序的需要自行选择总账的格式。

（3）总账的外表形式一般应采用订本式账簿。为保护总账记录的安全性和完整性，总账一般应采用订本式。实行会计电算化的单位，用计算机打印的总账必须连续编号，经审核无误后装订成册，并由记账人、会计机构负责人、会计主管人员签字或盖章，以防失散。但科目汇总表总账可以是活页式。

（三）明细账的建账原则

（1）明细科目的名称应根据统一会计制度的规定和企业管理的需要设置。会计制度对有些明细科目的名称做出了明确规定，有些只规定了设置的方法和原则。对于有明确规定的，企业在建账时应按照会计制度的规定设置明细科目的名称；对于没有明确规定的，建账时应按照会计制度规定的方法和原则，以及企业管理的需要设置明细科目。

（2）根据财产物资管理的需要选择明细账的格式。明细账的格式主要有三栏式、数量金额式和多栏式，企业应根据财产物资管理的需要选择明细账的格式。

（3）明细账的外表形式一般采用活页式。明细账采用活页式账簿，主要是使用方便，便于账页的重新排列和记账人员的分工，但是活页账的账页容易散失和被随意抽换。因此，使用时应顺序编号并装订成册，注意妥善保管。

三、建账示例

（一）现金日记账和银行存款日记账

企业建账时，两种账簿应各准备一本。如果企业开立了两个以上的银行存款账号，则账簿需要量就要根据企业具体情况确定。

首先根据账簿的启用要求将账簿启用及交接表填好，然后根据企业第一笔现金来源和银行存款来源计入现金日记账和银行存款日记账，以后即可根据日常现金及银行存款业务逐日逐笔登记现金日记账和银行存款日记账。

(二) 总分类账

企业可根据业务量的多少准备一本或几本总分类账(一般情况下,无须一个科目设一本总账),然后根据企业涉及的业务和会计科目设置总账。原则上讲,只要是企业涉及的会计科目就要有相应的总账账簿(账页)与之对应。会计人员应估计每一种业务的业务量大小,将每一种业务用口取纸分开,并在口取纸上写明每一种业务的会计科目名称,以便在登记时能够及时找到应登记的账页。在将总账分页使用时,假如总账账页从第1页到第10页登记现金业务,就在账簿目录表中写清楚"库存现金 1~10",并且在总账账页的第1页贴上口取纸并标明"库存现金",依此类推。

为了登记总账的方便,在总账账页分页使用时,最好按资产、负债、所有者权益、收入、费用的顺序来分页,在口取纸的选择上也可将资产、负债、所有者权益、收入、费用按不同颜色区分开,以便登记。总账可以根据记账凭证逐笔登记,也可以根据科目汇总表登记,还可以根据汇总记账凭证进行登记。因工业企业会计核算使用的会计账户较多,所以总账账簿的需要量可能会多一些,可根据业务量多少和账户设置的多少来购置。

(三) 明细分类账

明细分类账的设置是根据企业自身管理需要和外界各部门对企业信息资料需要来设置的。企业可根据自身的需要增减明细账的设置,日常根据原始凭证、汇总原始凭证及记账凭证登记各种明细账。各个账户明细账的期末余额之和应与其总账的期末余额相等。在工业企业里还应根据总账增加相应的明细账。

(四) 其他问题

因工业企业的成本计算比较复杂,所以在企业建账时,为了便于凭证的编制,要设计一些计算用表格,如材料费用分配表、领料单、工资费用计算表、折旧费用分配表、废品损失计算表、辅助生产费用分配表、产品成本计算单等相关成本计算表格。服务业,泛指那些对外提供劳务服务的企业,因它提供的并非是产品商品,而是一种劳务服务,所以称为服务业。服务业包括交通运输业、建筑安装业、金融保险业、邮电通信业、文化体育业、娱乐业、旅游服务业、仓储保管业、仓储租赁业、代理业、广告业等。虽然服务业的服务项目很多,但由于成本核算比较简单,所以账簿设置相对也较简单。

四、建立新账实训

(一) 实训目的

会填写账簿封面、账簿启用及交接表、账簿目录表,能够开设账户。

(二) 实训资料

▶ 1. 企业基本信息

企业名称:城科有限责任公司(增值税一般纳税人)
地址和联系电话:渝西区光彩大道666号,023-88888888
开户银行:中国工商银行胜利路支行
账号:1832186635783 1678
纳税人登记号:157388567831258
单位领导:王一

会计：张宇

出纳员：刘芳

会计主管：高凤

仓管员：邓丽

▶ 2. 企业经济业务

城科有限责任公司 2017 年 1 月建立新账的内容如下：

业务 1：填写日记账、明细账及总账的封面，包括账簿名称、单位名称、年度。

业务 2：填写日记账、明细账及总账账簿启用及交接表，日记账的编号从 cr2017-01 开始编制，明细账的编号从 cm2017-01 开始编制，总账的编号从 cz2017-01 开始编制，账页都为 100 页，由会计登记总账和明细账，由出纳登记日记账，剪贴账簿的印花税票，并盖章。

业务 3：填写各账簿目录表。

业务 4：开设各账簿账户、总账账簿，并粘贴口取纸（口取纸由学生自己准备）。

五、实训要求

(1) 账簿目录表中的账户名称应按会计科目表顺序填写。

(2) 开设账户，将期初余额过入第一行，在摘要注明"上年结转"或"期初余额"字样。结转的数额直接登入余额栏。

(3) 各账户内容见实训表单 2-1 ~ 实训表单 2-4，填写实训表单 2-5 ~ 实训表单 2-58。

实训考核表

	实 训 项 目	实训能力成绩	出 勤 成 绩
建立新账	1. 填制账簿启用及交接表		
	2. 填制账簿目录表		
开设账户	1. 开设账户		
	2. 过入期初余额		
贴花及粘贴口取纸	1. 贴花		
	2. 粘贴口取纸		
	成绩总和		

备注

学生签字： 教师签字： 日期：

实训三 会计凭证的填制和审核

> **实训要求**
>
> 掌握原始凭证、记账凭证的填制及凭证装订方法。

任务一 原始凭证的填制和审核

一、原始凭证的填制要求

原始凭证,也称单据,是在经济业务发生时取得或填制的会计凭证,是记录和证明经济业务发生或完成情况的原始依据,是会计核算的重要原始资料。

（一）原始凭证填制的基本要求

（1）真实可靠,指经济业务的内容真实,不得弄虚作假,不涂改、挖补。

（2）内容完整,指按照凭证基本要素逐项填写清楚,不得简化,不可缺漏。

（3）填制及时,指每当一项经济业务发生或完成,都要立即填制原始凭证,做到不积压、不误时、不事后补制。

（4）书写清楚,指字迹端正,符合会计上对数字书写的要求。

（5）顺序使用,指收付款项或实物的凭证要按编号顺序使用。

（二）原始凭证填制的附加要求

（1）从外单位取得的原始凭证,必须盖有填制单位的公章；从个人处取得的原始凭证,必须有填制人员的签名或者盖章；自制原始凭证必须有经办部门负责人或其指定人员的签名或者盖章；对外开出的原始凭证,必须加盖本单位的公章。

（2）凡填有大写和小写金额的原始凭证,大写与小写金额必须相符。

（3）购买实物的原始凭证,必须有验收证明,以明确经济责任。

（4）支付款项的原始凭证必须有收款单位和收款人的收款证明,不能仅以支付款项的有关凭证如银行汇款凭证等代替，以防止舞弊行为的发生。

（5）多联原始凭证，应当注明各联的用途，只能以一联作为报销凭证。

（6）发生退货及退货款时，必须同时有退货发票、退货验收证明、收款收据。

（7）职工出差借款借据，经有关领导批准，报销时收回借款余款，另开收据，不得退还原借据。

（8）原始凭证如有错误，应退回重开或按规定进行更正，并加盖印章。

二、常用原始凭证的填制示例

（一）收料单

收料单（见表3-1）通常是一料一单，一式三联，一联留仓库，据以登记材料卡片和材料明细账；另一联送财务部门；再一联交采购人员留存。

表3-1 收 料 单

供应单位：××公司　　　　　　　　材料科目　　　　　　　　编号：
增值税专用发票号码：　　2017年6月10日　材料类别　　　　　仓库

材料编号	名称	规格	计量单位	数量		实际成本/元				
				应收	实收	买价		运杂费	其他	合计
						单价	金额			
	B材料		kg	1 000	1 000	500	500 000			500 000

记账：×××　　　　采购员：×××　　　　收料：×××　　　　制单：×××

（二）领料单

领料单一般是一料一单，一种用途填写一张。领料单分为一次填制的领料单和多次填制的限额领料单两种。

▶ 1. 一次填制的领料单

一次填制的领料单（见表3-2）由领料经办人填写，经该单位主管领导批准后到仓库领料。仓库保管人员审核其用途后发料，并在领料单上签章。领料单一式三联，一联留领料部门备查；另一联交仓库，据以登记材料卡片和材料明细账；再一联转送财务部门或月末经汇总后转送财务部门登记总分类账。

表3-2 领 料 单

领料部门：一车间　　　　　　2017年6月10日　　　　　　凭证编号：

日期		材料名称	数量/千克	单价/（元/千克）	金额/元	材料用途
月	日					
6	10	A材料	1 000	20	20 000	生产甲产品
合计			1 000		20 000	

财务部门：×××　　　记账：×××　　　仓库：×××　　　领料：×××

▶ 2. 限额领料单

限额领料单(见表 3-3)是由生产计划部门根据下达的生产任务和材料消耗定额按各种材料分别开出的,一式两联,一联交仓库据以发料;另一联交领料部门据以领料。

表 3-3　限额领料单

领料部门:一车间
用途:生产 A 产品　　　　　　　2017 年 6 月　　　　　　　　　　　No. 23696

材料类别	材料名称	规格	计量单位	单价	领用限额	全月实领	
						数量/千克	金额/元
原料	A 材料	10mm	千克	100 元	3 000	2 800	280 000

日期	请领			实发		限额结余/千克
	数量/千克	领料单位负责人签章	领料人签章	数量/千克	发料人签章	
6 月 2 日	1 000	王红	刘东	1 000	陈洋	2 000
6 月 10 日	800	王红	刘东	800	陈洋	1 200
6 月 15 日	1 000	王红	刘东	600	陈洋	600
6 月 25 日	400	王红	刘东	400	陈洋	200
合计	3 200			2 800		

(三)增值税专用发票

增值税专用发票(见图 3-1)是一般纳税人于销售货物时开具的销货发票,一式四联,销货单位和购货单位各两联。交购货单位的两联,一联作为购货单位结算凭证;另一联作为税款抵扣凭证。

增值税专用发票应按照下列规定填写。

(1)项目填写齐全,用双面复写纸一次套写,各联的内容和余额一致。
(2)字迹清楚,不得涂改。
(3)发票联和抵扣联,用红色印泥在专用发票右下角的"销售方"处加盖财务专用章或发票专用章。
(4)用蓝色印泥在"销货单位"栏加盖销售单位戳记,不得用手工填写。
(5)在价税合计的小写金额前用"¥"符号封顶,在"价税合计(大写)"栏合计数前用"⊗"符号封顶。
(6)购销双方单位名称必须填写全称,可在"名称"栏分上下两行填写。

重庆市增值税专用发票

开票日期：2017年12月19日

购货方	名　　称	中华公司	密码区	（略）
	纳税人识别号	220104641245610		
	地　址、电话	建设街290号 023-12345678		
	开户行及账号	工商银行建设街支行 6222024561-01		

货物或应税劳务名称	规格型号	单位	数量	单价	金额	税率	税额
圆钢		吨	5	1 300	6 500	17%	1 105
合　　计					6 500		1 105

价税合计（大写）	⊗柒仟陆佰零伍元整	（小写）¥ 7 605.00	
销售方	名　　称	重庆市永川区钢铁厂	备注
	纳税人识别号	32107896541	
	地　址、电话	永川区文曲路 023-66666666	
	开户行及账号	工商银行宣化路支行 6632107896541	

收款人：×× 　　　复核：×× 　　　开票人：×× 　　　销货方：（章）

图 3-1　增值税专用发票填写示例

（四）借款单

职工因公借款必须填写正式的借款单（见表3-4）。

表 3-4　借　款　单

2017年6月10日

借款人	李利	部门	供应科	职务	采购员
借款事由	到上海采购原材料				
借款金额	人民币（大写）陆仟元整 ¥6 000.00				
出纳	××		经手	××	

（五）收据

收到外单位和职工的各种赔款、罚款、预付款、包装物押金和职工归还借款等款项，应填写正式的收据（见表3-5）。

表 3-5　收　　据

2017年6月15日

付款单位	李利	收款	现金
人民币大写	肆佰贰拾元整 ¥420.00		
缴款用途	出差报销退回余款		

收款单位　　　　　　收款人
（公章）　　　　　　（签字）××

（六）差旅费报销单

差旅费报销单（见表3-6）的格式不统一，应根据本单位经济业务的需要自行设计，主要内容包括报销日期、报销单位、报销人姓名、职务、出差事由、出差天数、往返日期及时间、起程及到达地名、交通费金额、住宿费金额、借款金额、报销金额、退款或补款数额、其他费用等项目。

表3-6　差旅费报销单

部门：采购部　　　　　　　　2017年12月20日　　　　　　　　附单据共3张

姓名	李利	出差事由	去上海参加订货会		出差日期		自2017年12月15日至2017年12月17日			共3天	
起讫时间及地点				车船费		出差补助		住宿费		其他	
月	日	起	月	日	讫	类别	金额	日数	标准	金额	日数	标准	金额	摘要	金额
12	15	长沙	12	15	上海	高铁	475.00	3	100.00	300.00	2	350.00	700.00		
12	17	上海	12	17	长沙	高铁	475.00								
小计					950.00			300			700.00				

总计金额（大写）壹仟玖佰伍拾元整 ￥1 950.00　　预支￥2 000.00　　核销￥1 950.00　　退补￥50.00

单位负责人：××　　财务主管：××　　记账：××　　出纳：××　　报销人：李利

（七）工资及福利费汇总表

生产工人只生产一种产品，其工资费用直接计入该产品的生产成本；生产工人生产多种产品，其工资费用则按生产工时比例分配计入各种产品生产成本；其他部门人员工资直接计入有关费用账户。各车间工人及其他部门人员工资及福利费汇总后填制工资及福利费汇总表（见表3-7）。

表3-7　工资及福利费汇总表

2017年6月30日　　　　　　　　　　　　　　　　　　　　单位：元

部　　门		应付工资	代扣款项	实发工资	职工福利费	合　　计
一车间	工人	21 491.23	290	21 201.23	3 008.77	24 500
	管理	3 000	321	2 679	420	3 420
	合计	24 491.23	611	23 880.23	3 428.77	27 920
二车间	工人	30 701.75	310	30 391.75	4 298.25	35 000
	管理	3 500	433	3 067	490	3 990
	合计	34 201.75	743	33 458.75	4 788.25	38 990
修理部门		5 000	585.26	4 414.74	700	5 700
管理部门		8 000	956	7 044	1 120	9 120
销售部门		6 800	597.72	6 202.28	952	7 752
合　　计		78 492.98	3 492.98	75 000	10 989.02	89 482

（八）制造费用分配表

月末，财务人员应将本月的制造费用总额，按照一定的方法分配计入各种产品的生产成本，编制制造费用分配表（见表3-8）。

表3-8 制造费用分配表

2017年5月

项 目		定额生产工时			分配率/（元/工时）	金额/元
		产量	定额	定额工时		
铸造车间	A1	30	12（工时/件）	360		14 557.25
	B1	20	20（工时/件）	400		16 174.72
	合计	50（件）	—	760（工时）	40.436 8	30 731.97
装备车间	A2	30	12（工时/台）	360		14 627.02
	B2	25	15（工时/台）	375		15 236.48
	合计	55（台）	—	735（工时）	40.630 6	29 863.50

会计主管：×××　　　　　审核：×××　　　　　制表：×××

（九）支票

支票（见图3-2）是付款人签发，委托银行将款项支付给收款人或持票人的一种票据。

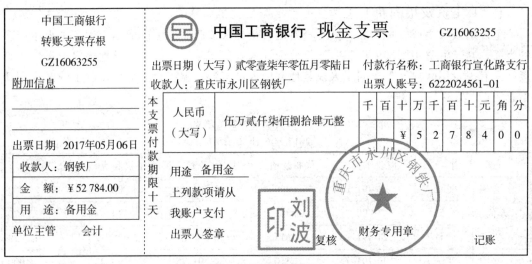

图3-2 支票填写示例

（十）进账单

进账单（见表3-9）是存款人向开户银行存入从外单位取得的转账支票等须委托银行收款时填制的单证，一般一式三联。填好后连同转账支票正本送银行受理或收款后在回单或收款通知联上盖"已受理"或"转讫"（转账收讫）章，退给单位。企业根据收账通知联，作为已收款记账依据。

表 3-9 中国工商银行进账单（收账通知）

2017 年 05 月 10 日　　　　　　　　　　　　　　　第 150601 号

出票人	全　称	吉林机电设备有限公司	收款人	全　称	重庆市永川区钢铁厂	此联是收款人开户银行交给收款人的回单或收账通知
	账　号	62206581-68		账　号	6222024561-01	
	开户银行	工商银行建设街支行		开户银行	工商银行宣化路支行	

人民币（大写）	伍万元整		亿 千 百 十 万 千 百 十 元 角 分
			￥ 5 0 0 0 0 0 0

票据种类		利息款
票据号码	1	

（收款人开户行盖章：中国工商银行宣化路支行 2017.5.10 转讫）

单位主管　　会计　　复核　　记账

三、原始凭证的审核

为了正确地反映和监督各项经济业务，保证核算资料的真实性、正确性和合法性，会计部门和经办业务的有关部门，必须对原始凭证进行严格、认真的审核。审核原始凭证，应从原始凭证的内容和形式两方面进行。

（一）内容的审核

原始凭证内容的审核主要包括审核凭证的真实性、合法性和合理性。

▶ 1. 审核原始凭证的真实性

审核原始凭证的真实性，即审核原始凭证的基本内容，如凭证的名称、接受凭证单位的名称、填制凭证的日期、经济业务的内容、金额、填制单位和填制人员及有关人员的印章和名称、凭证的附件和凭证的编号等，是否真实和正确。凡有下列情况之一者不能作为正确的会计凭证：

（1）未写接收单位名称或名称不符；

（2）数量和金额计算不正确；

（3）有关责任人员未签名或未盖章；

（4）凭证联次不符；

（5）有污染、抹擦、刀刮和挖补等涂改痕迹。

▶ 2. 审核原始凭证的合法性

审核原始凭证的合法性，即审核经济业务的发生是否符合党和国家的路线、方针、政策、法规。凡有下列情况之一者不能作为合法的会计凭证：

（1）多计或少计收入、支出、费用、成本；

（2）擅自扩大开支范围，提高开支标准；

（3）不按国家规定的资金渠道和用途使用资金、挪用资金进行基本建设；

（4）巧立名目，虚报冒领，滥发奖金、津贴、加班费、防护用品或实物，违反规定借出公款、公物；

（5）套取现金、签发空头支票；

（6）不按国家规定的标准、比例提取费用；

（7）私分公共财物和资金；

（8）擅自动用公款、公物请客送礼；

（9）不经有关单位批准，购买、自制属于国家控制购买的商品。

▶ 3. 审核原始凭证的合理性

审核原始凭证的合理性，即审核原始凭证所记录的内容是否符合业务活动的需要、是否符合有关的计划和预算等。

（二）形式的审核

原始凭证形式的审核主要包括检查项目填写是否完整、计算是否准确、手续是否完备。原始凭证的类型不同，其形式审核的重点也不同。

▶ 1. 支票

审核支票时，主要审核支票种类是否正确，是否用碳素墨水书写，支票内容、开户行名称、签发人账号、收款人是否正确，用途是否合理，大小写金额是否一致，存根与正本是否相符，签章是否齐全。不准更改的内容是否更改了，允许更改的内容更改后是否加盖了印鉴等。

▶ 2. 借款单

审核借款单时，主要审核审批人是否签名、大小写金额是否一致、借款人是否签名等。

▶ 3. 收据

审核收据时，主要审核交款人、款项内容是否正确，大小写金额是否一致，现金收讫章是否加盖等。

▶ 4. 发票

审核发票时，主要审核是否印有税务局监制章，购货单位、商品或劳务名称、金额计算是否正确，大小写金额是否一致，供应单位发票专用章是否加盖等。

▶ 5. 收料单

审核收料单时，主要审核验收是否及时、收料单内容是否与发票一致、发票数量与实收数量是否一致、验收人是否签名等。

▶ 6. 领料单

审核领料单时，主要审核金额计算是否正确、签名是否齐全等。

▶ 7. 现金存款单

审核现金存款单时，主要审核收款人、账号及开户行名称是否正确，大小写金额是否一致等。

▶ 8. 转账进账单

审核转账进账单时，主要审核收付款人、账号及开户行名称是否正确，进账单上的金额是否与支票一致,大小写金额是否一致等。

四、原始凭证的填制和审核实训

(一)实训目的

掌握原始凭证的填制方法和审核方法。

(二)实训资料

城科有限责任公司的基本信息参照实训二的"建立新账实训"。

城科有限责任公司2018年1月1日—18日发生的部分经济业务如下。

业务1:1月2日,开出现金支票提取现金10 000元备用(现金支票见实训表单3-1)。

业务2:1月4日,经理办公室职工张妹赴北京开会,经批准向财务科借差旅费3 000元,财务人员审核无误后付现金(借款单见实训表单3-2)。

业务3:1月6日,向本市科创公司购进工字钢100吨,单价每吨20元,增值税额340元,开出转账支票付款,材料验收入库(材料入库单见实训表单3-3-1、转账支票见实训表单3-3-2)。

业务4:1月10日,销售一批甲产品给成都兄弟装饰有限公司,数量30吨,单价每吨200元,价款6 000元,增值税额1 020元,价税计7 020元,开出增值税专用发票一式四联,对方以转账支票办理结算。购货单位:成都兄弟装饰有限公司;纳税识别号:210104560888976;地址:成都市武侯区春熙路100号;电话:0821-75886768;开户行及账号:工商银行成都支行春熙路分理处(增值税专用发票见实训表单3-4-1、进账单见实训表单3-4-2)。

业务5:1月15日,车间从仓库领用工字钢80吨,单价20元(领料单见实训表单3-5)。

业务6:1月16日,经理办公室张妹出差回来报销差旅费,其中,飞机票1 600元,住宿费600元,余款退回(差旅费报销单见实训表单3-6-1、收据见实训表单3-6-2)。

业务7:1月17日,出纳员将多余的库存现金4 000元送存银行,其中,100元30张、50元20张(现金存款单见实训表单3-7)。

业务8:1月18日,销售给李清乙产品10吨,单价200元,收到现金(普通发票见实训表单3-8)。

五、实训要求

(1)根据经济业务确定原始凭证,把经济业务的内容正确地填入原始凭证。填写实训表单3-1~实训表单3-8。

(2)检查原始凭证填制是否完整、正确。

(3)两位同学为一组,互相审核原始凭证。

(4)讨论原始凭证存在的问题,并提出更正的建议。

任务二 记账凭证的填制和审核

一、记账凭证的填制要求

记账凭证是会计人员根据审核无误后的原始凭证或汇总原始凭证，应用复式记账法和会计科目，按照经济业务的内容加以分类，并据以确定会计分录而填制的，作为登记账簿依据的凭证。在实际工作中，会计分录是通过填制记账凭证来完成的。因此，正确填制记账凭证，对于保证账簿记录的正确性有重要意义。

（一）记账凭证填制的基本要求

（1）审核无误，是指在对原始凭证审核无误的基础上填制记账凭证。

（2）内容完整，是指记账凭证应包含的内容都应填写齐全。

（3）分类正确，是指根据经济业务的内容正确使用不同类型的原始凭证，正确应用会计科目。

（4）连续编号，是指记账凭证应当按会计事项处理的先后顺序连续编号。

（二）记账凭证填制的具体要求

（1）记账凭证必须附有原始凭证并注明张数（结账更正错误除外）。原始凭证的张数一般以自然张数为准。差旅费等零散票券，可贴在一张纸上，作为一张原始凭证。一张原始凭证涉及几张记账凭证的，可将原始凭证附在主要记账凭证后面，在其他记账凭证上注明主要记账凭证的编号。

（2）一张原始凭证所列支出需要由两个以上单位共同负担时，由保存该原始凭证的单位开出原始凭证分割单，交另一单位做凭证。

（3）记账凭证的编号。无论采用哪种记账凭证编号方法，都应该按月顺序编号，即每月都从1号编起，顺序编至月末。一笔业务编制两张以上记账凭证的，可采用分数编号，如 $\frac{1}{3}$、$\frac{2}{3}$、$\frac{3}{3}$。

（4）记账凭证发生错误，应当重新填制。如已登记入账，可以用红字注销法进行更正。

（5）记账凭证填制完毕如有空行，应当画线注销。

（6）会计分录应保证借贷平衡。

（7）摘要应与原始凭证内容一致，表述要简短、精练。

（8）实行会计电算化的单位，其机制记账凭证应当符合对记账凭证的要求。

二、常用记账凭证的填制示例

（一）专用记账凭证的填制

▶ 1. 收款凭证的填制

收款凭证是根据现金、银行存款增加的经济业务填制的。收款凭证的填制要求如下。

（1）由出纳人员根据审核无误的原始凭证填制，必须是先收款，后填凭证。

(2) 在凭证左上方的"借方科目"处填写"现金"或"银行存款"。

(3) 填写日期(实际收款的日期)和凭证编号。

(4) 在凭证内填写经济业务的摘要。

(5) 在凭证内"贷方科目"栏填写与"现金"或"银行存款"对应的贷方科目。

(6) 在"金额"栏填写金额。

(7) 在凭证的右侧填写所附原始凭证的张数。

(8) 在凭证的下方由相关责任人签字、盖章。

【例3-1】2017年10月2日,收到金达公司上月所欠货款30 000元,已存入银行,填写收款凭证(见表3-10)。

表3-10 收 款 凭 证

借方科目:银行存款　　　　　　2017 年 10 月 02 日　　　　　　银收字第 01 号

摘　　要	贷方总账科目	明细科目	借或贷	金　　额
				千 百 十 万 千 百 十 元 角 分
收到金达公司前欠货款	应收账款	金达公司		3 0 0 0 0 0 0
合　　计				¥ 3 0 0 0 0 0 0

附单据1张

财务主管:×××　　记账:×××　　出纳:×××　　审核:×××　　制单:×××

▶ 2. 付款凭证的填制

付款凭证是根据现金、银行存款减少的经济业务填制的。付款凭证的填制要求如下。

(1) 由出纳人员根据审核无误的原始凭证填制,程序是先付款,后填凭证。

(2) 在凭证左上方的"贷方科目"处填写"现金"或"银行存款"。

(3) 填写日期(实际付款的日期)和凭证编号。

(4) 在凭证内填写经济业务的摘要。

(5) 在凭证内"借方科目"栏填写与"现金"或"银行存款"对应的借方科目。

(6) 在"金额"栏填写金额。

(7) 在凭证的右侧填写所附原始凭证的张数。

(8) 在凭证的下方由相关责任人签字、盖章。

【例3-2】2017年10月15日,应发本月工资39 600元。其中,生产工人工资35 000元,车间管理人员工资2 600元,企业管理人员工资2 000元。开出现金支票,从银行提取现金,当即发放,填写付款凭证(见表3-11和表3-12)。

表 3-11　付　款　凭　证

贷方科目：银行存款　　　　　2017 年 10 月 15 日　　　　　银付字第 01 号

摘　要	借方总账科目	明细科目	借或贷	金额 千 百 十 万 千 百 十 元 角 分	附单据1张
提取现金备工资	库存现金			3 9 6 0 0 0 0	
合　　计				¥ 3 9 6 0 0 0 0	

财务主管：×××　　记账：×××　　出纳：×××　　审核：×××　　制单：×××

表 3-12　付　款　凭　证

贷方科目：库存现金　　　　　2017 年 10 月 15 日　　　　　现付字第 01 号

摘　要	借方总账科目	明细科目	借或贷	金额 千 百 十 万 千 百 十 元 角 分	附单据1张
发放工资	应付职工薪酬			3 9 6 0 0 0 0	
合　　计				¥ 3 9 6 0 0 0 0	

财务主管：×××　　记账：×××　　出纳：×××　　审核：×××　　制单：×××

▶ 3. 转账凭证的填制

转账凭证是根据与现金、银行存款无关的经济业务填制的。转账凭证的填制要求如下。

（1）由会计人员根据审核无误的原始凭证填制。

（2）填写日期和凭证编号。一般情况下，按收到原始凭证的日期填写，如果某类原始凭证有几份并涉及不同日期，可以按填制转账凭证的日期填写。

（3）在凭证内填写经济业务的摘要。

（4）在凭证内填写经济业务涉及的全部会计科目，顺序是先借后贷。

（5）在"金额"栏填写金额。

（6）在凭证的右侧填写所附原始凭证的张数。

（7）在凭证的下方由相关责任人签字、盖章。

【例3-3】2017 年 10 月 30 日，产成品入库。本月生产车间生产了 A、B 两种产品，A 产品完工成本为 100 000 元，B 产品完工成本为 50 000 元，填写转账凭证（见表 3-13）。

表 3-13 转 账 凭 证

2017 年 10 月 30 日　　　　　　　　　　　　　　　　　　　　　　转字第 01 号

摘　要	总账科目	明细科目	√	借方金额 千百十万千百十元角分	√	贷方金额 千百十万千百十元角分
完工产品入库	库存商品	A产品		1 0 0 0 0 0 0 0		
	库存商品	B产品		5 0 0 0 0 0 0		
	生产成本	A产品				1 0 0 0 0 0 0 0
	生产成本	B产品				5 0 0 0 0 0 0
合　　计				¥1 5 0 0 0 0 0 0		¥1 5 0 0 0 0 0 0

财务主管：×××　　记账：×××　　出纳：×××　　审核：×××　　制单：×××

附单据 1 张

（二）通用记账凭证的填制

通用记账凭证简称记账凭证，它集收款、付款和转账凭证于一身，通用于收款、付款和转账等各种类型的经济业务。其填制方法与转账凭证相同。

【例 3-4】2017 年 10 月 30 日，分配本月工资总额。对生产工人工资按实用工时分配，甲产品实用工时 20 000 小时，乙产品实用工时 30 000 小时，填写记账凭证（见表 3-14）。

表 3-14 记 账 凭 证

2017 年 10 月 30 日　　　　　　　　　　　　　　　　　　　　　　记字第 04 号

摘　要	总账科目	明细科目	借方金额 千百十万千百十元角分	记账 √	贷方金额 千百十万千百十元角分	记账 √
分配工资	生产成本	甲商品	1 4 0 0 0 0			
		乙商品	2 1 0 0 0 0			
	制造费用		2 6 0 0 0			
	管理费用		2 0 0 0 0			
	应付职工薪酬				3 9 6 0 0 0	
结算方式	合计金额		¥3 9 6 0 0 0		¥3 9 6 0 0 0	

财务主管：×××　　记账：×××　　出纳：×××　　审核：×××　　制单：×××

附单据 4 张

三、记账凭证的审核

记账凭证是登记账簿的依据，为了保证账簿登记的正确性，记账凭证填制完毕必须进行审核。记账凭证审核的主要内容如下。

（1）填制凭证的日期是否正确：收款凭证和付款凭证的填制日期是否是货币资金的实际收入日期和实际付出日期；转账凭证的填制日期是否是收到原始凭证的日期或者是编制

记账凭证的日期。

(2) 凭证是否有编号，编号是否正确。

(3) 经济业务摘要是否正确地反映了经济业务的基本内容。

(4) 会计科目的使用是否正确；凭证上所写的科目及明细科目名称和内容是否前后一致；总账科目和明细科目是否填列齐全。

(5) 记账凭证所列金额是否正确，书写是否清楚、符合要求。

(6) 记账凭证是否与所附原始凭证相一致，即记账凭证是否附有原始凭证；所附原始凭证的张数与记账凭证上填写的所附原始凭证的张数是否相符；所附原始凭证的经济业务内容与记账凭证所记录的内容是否一致；记账凭证所记金额是否等于原始凭证反映的金额。

(7) 审核、填制、出纳等有关人员是否签名、盖章。

四、记账凭证的填制和审核实训

（一）实训目的

掌握记账凭证的填制方法和审核方法。

（二）实训资料

城科有限责任公司的基本信息参照实训二的"建立新账实训"。

承本实训任务一中"原始凭证的填制和审核实训"的相关资料，城科有限责任公司2018年1月19日—31日发生的部分经济业务如下：

业务9：1月19日，以现金购买办公用品，共花费600元（发票见实训表单3-9）。

业务10：1月21日，购入机床一台，已交付使用（增值税专用发票见实训表单3-10-1、转账支票存根见实训表单3-10-2）。

业务11：1月22日，开出支票支付广告费（专用发票见实训表单3-11-1、转账支票存根见实训表单3-11-2）。

业务12：1月23日，由于生产经营的需要，从银行取得借款500 000元（入账通知见实训表单3-12）。

业务13：1月24日，收到宏大公司转账支票一张，金额为56 000元，用以支付上月的欠款，当即存入银行（银行进账单见实训表单3-13）。

业务14：1月25日，收到金福公司支付货款353 300元（托收承付凭证见实训表单3-14）。

业务15：1月26日，偿还上月欠大华钢铁厂购料款70 000元（银行电汇凭证见实训表单3-15）。

业务16：1月27日，销售废料一批（发票见实训表单3-16）。

业务17：1月30日，分配结转本月工资费用78 000元。其中，甲产品工人工资40 000元，乙产品工人工资20 000元，车间管理人员工资10 000元，厂部管理人员工资5 000元，专设销售机构人员工资3 000元（工资费用汇总分配表见实训表单3-17）。

业务18：1月30日，计提职工福利费(职工福利费计提表见实训表单3-18)。

业务19：1月31日，发料凭证汇总表中列示：生产甲产品耗用40#圆钢900吨，耗用8mm线材56吨；生产乙产品耗用40#圆钢650吨，耗用8mm线材51吨；车间耗用8mm线材60吨；管理部门耗用8mm线材10吨。圆钢及8mm线材的单价分别为50元、30元，分配并结转发出材料成本(发料凭证汇总表见实训表单3-19)。

业务20：1月31日，按规定预提本月短期借款利息(预提费用计算表见实训表单3-20)。

业务21：1月31日，计提本月固定资产折旧(固定资产折旧计算表见实训表单3-21)。

业务22：1月31日，财产清查中，发现材料盘亏，原因待查(财产清查报告单见实训表单3-22)。

业务23：1月31日，分配并结转本月制造费用(制造费用分配表见实训表单3-23)。

业务24：1月31日，结转完工入库产品实际成本(完工产品成本计算单见实训表单3-24)。

业务25：1月31日，结转已销产品成本(产品出库单见实训表单3-25)。

五、实训要求

(1) 根据原始凭证(见实训表单3-9~实训表单3-25)填制记账凭证(假设该企业采用通用凭证，记账凭证由学生自己准备)。

(2) 将原始凭证附在填制的记账凭证之后。

(3) 在填制凭证前，指导老师应向学生强调记账凭证的填制要求。

(4) 两位同学为一组，互相审核记账凭证。

(5) 讨论记账凭证存在的问题，并提出更正的建议，在审核合格的记账凭证上签字。

实训考核表

实训项目		实训能力成绩	出勤成绩
填制原始凭证	1. 原始凭证日期正确		
	2. 原始凭证编号正确		
	3. 原始凭证摘要清楚		
	4. 经济业务内容准确		
	5. 附件张数正确		
	6. 制单人签名		
审核原始凭证	1. 原始凭证的真实性		
	2. 原始凭证的完整性		
	3. 原始凭证的合法性		
	4. 原始凭证与所附附件相一致		
	5. 签章正确、齐全		

续表

实训项目		实训能力成绩	出 勤 成 绩
填制记账凭证	1. 记账凭证日期正确		
	2. 记账凭证编号正确		
	3. 会计科目正确		
	4. 填制金额正确		
	5. 附件与原始凭证相符		
	6. 制单人员签名		
审核记账凭证	1. 记账凭证要素完整		
	2. 科目运用准确		
	3. 借贷关系平衡		
	4. 记账凭证与原始凭证相符合		
	5. 签章正确、齐全		
成绩总和			

| 备注 | |

学生签字： 教师签字： 日期：

实训四 会计账簿的登记

实训要求

掌握日记账、明细分类账、总分类账的登记及错账更正的操作方法。

任务一 登记账簿

一、登记账簿的基本要求

会计人员要根据审核无误的会计凭证登记会计账簿,这是确保会计信息质量的重要措施。

（一）准确完整

登记会计账簿时,应当将会计凭证日期、编号、业务内容摘要、金额和其他有关资料逐项记入账内,做到数字准确、摘要清楚、登记及时、字迹工整。每一项会计事项,一方面要记入有关的总账；另一方面要记入该总账所属的明细账。账簿中的日期应该填写记账凭证上的日期,以自制的原始凭证,如收料单、领料单等,作为记账依据的,账簿中的日期应按有关自制凭证上的日期填列。登记账簿要及时,但对各种账簿的登记间隔应该多长,《会计基础工作规范》未做统一规定。一般来说,这要根据本单位所采用的具体会计核算形式而定。

（二）注明记账符号

登记完毕后,要在记账凭证上签名或者盖章,并注明已经登账的符号"√",表示已经记账。在记账凭证上设有专门的栏目供注明记账符号,以免发生重记或漏记。

（三）书写留空

账簿中,文字和数字应紧靠行格的底线书写,约占全行的2/3或1/2,数字排列要均匀,大小数要对正。这样，一旦发生登记错误，能比较容易地进行更正，同时也方便查账工作。

（四）正常记账使用蓝黑墨水

登记账簿要使用蓝黑墨水或者碳素墨水，不得使用圆珠笔（银行的复写账簿除外）或者铅笔书写。

（五）特殊记账使用红墨水

下列情况下，可以用红色墨水记账。

（1）按照红字冲账的记账凭证，冲销错误记录。

（2）在不设借贷等栏的多栏式账页中，登记减少数。在多栏式账页中，只设借方（或贷方）栏目登记增加数，若需要登记减少数时，则用红字在表示增加栏目中登记。

（3）在三栏式账户的余额栏前，如未印明余额方向的，在余额栏内登记负数余额。

（4）画更正线、结账线和注销线。

（5）冲销银行存款日记账时，用红字登记支票号码，进行冲销。

（6）当销售货物发生退回时，则用红字冲减已入账的该笔货物销售收入和销售成本。

（7）根据国家统一会计制度的规定可以用红字登记的其他会计记录。

（六）顺序连续登记

总账应根据记账凭证汇总表登记；日期、凭证号都应根据记账凭证汇总表填写，摘要除写"上年结算"及"承前页"外，应填写凭证汇总起止号。各种账簿按页次顺序连续登记，不得跳行、隔页。如果发生跳行、隔页，不得随意涂改，应在空行空页的金额栏由右上角向左下角画红线注销，同时在摘要栏注明"此行空白"或"此页空白"字样，并由记账人员签名或者压线盖章。订本式账簿不得随意撕毁。

（七）结出余额

凡需要结出余额的账户，结出余额后，应当在"借"或"贷"等栏内写明"借"或者"贷"等字样。没有余额的账户，应当在"借"或"贷"等栏内写"平"字，并在余额栏内用"0"表示。现金日记账和银行存款日记账必须逐日结出余额。一般来说，对于没有余额的账户，在余额栏内标注的"0"应当放在元位。

（八）过次承前

每一账页登记完毕结转下页时，应当结出本页合计数及余额，写在本页最后一行和下页第一行有关栏内，并在摘要栏内注明"过次页"和"承前页"字样；也可以将本页合计数及金额只写在下页第一行有关栏内，并在摘要栏内注明"承前页"字样。也就是说，"过次页"和"承前页"的方法有两种：一是在本页最后一行内结出发生额合计数及余额，然后"过次页"并在次页第一行"承前页"；二是只在次页第一行"承前页"写出发生额合计数及余额，不在上页最后一行结出发生额合计数及余额后过次页。

对需要结计本月发生额的账户，结计过次页的本页合计数应当为自本月初起至本页末止的发生额合计数，这样做，便于根据"过次页"的合计数，随时了解本月初到本页末止的发生额，也便于月末结账时，加计"本月合计"数。

对需要结计本年累计发生额的账户，结计过次页的本页合计数应当为自年初起至本页末止的累计数，这样做，便于根据"过次页"的合计数，随时了解本年初到本页末止的累计发生额，也便于年终结账时，加计"本年累计"数。

对既不需要结计本月发生额也不需要结计本年累计发生额的账户,可以只将每页末的余额结转次页,如某些材料明细账户就没有必要将每页的发生额结转次页。

（九）其他事项

对于固定资产账簿和低值易耗品账簿,可以跨年度连续使用。

二、登记账簿示例

【例4-1】 某公司2017年9月发生的经济业务如下。

业务1：9月2日,生产甲产品耗用A材料1 260千克,生产乙产品耗用A材料1 420千克,车间一般耗用A材料100千克,企业行政管理部门耗用A材料120千克。

业务2：9月15日,应发本月工资39 600元。其中,生产工人工资35 000元,车间管理人员工资2 600元,企业管理人员工资2 000元。开出现金支票,从银行提取现金,当即发放。

业务3：9月28日,计提本月折旧。其中,生产车间固定资产原值200 000元,月折旧率5.5%；企业管理部门固定资产原值200 000元,月折旧率4%。

业务4：9月30日,以银行存款支付生产车间电费1 140元,企业管理部门电费860元(假设电费没有增值税)。

业务5：9月30日,分配本月工资总额(对生产工人工资按实用工时分配,甲产品实用工时20 000小时,乙产品实用工时30 000小时)。

业务6：9月30日,结转制造费用(按实用工时分配)。

业务7：9月30日,结转管理费用、财务费用。

业务8：9月30日,计算结转本月产品成本。其中,甲产品完工数量为120件,单位成本为448元；乙产品完工数量为50件,单位成本为1 749.28元。

公司2017年9月有关总分类账户及明细账户期初余额如表4-1~表4-3所示。

表4-1 总分类账期初余额 单位：元

账户名称	借方余额	贷方余额
库存现金	700	
银行存款	120 000	
原材料	300 000	
生产成本	180 000	
库存商品	200 000	
固定资产	400 000	
累计折旧		85 000
短期借款		300 000
应付票据		90 000
应付账款		150 000
预收账款		30 000

续表

账户名称	借方余额	贷方余额
应付职工薪酬	200	
应交税费		1 500
应付股利		140 000
其他应付款		19 000
长期借款		200 000
本年利润		186 400
合计	1 205 900	1 205 900

表 4-2 生产成本明细账户余额　　　　　　　　　　　单位：元

产品名称	数量	直接材料	直接人工	制造费用	合计
甲产品	50 件	9 000	4 000	13 924	26 924
乙产品	20 台	14 700	5 000	8 200	27 900
丙产品	120 件	80 000	30 000	15 176	125 176
合计		103 700	39 000	37 300	180 000

表 4-3 原材料明细账户余额

材料名称	规格型号	材料编号	计量单位	实际单价	结存数量	金额
A	25×25	0006	千克	20 元/千克	15 000 千克	300 000 元

（一）日记账的登记

日记账应根据办理完毕的收、付款凭证，随时间顺序逐笔登记，最少每天登记一次。

▶1. 现金日记账的登记

（1）日期栏，与记账凭证日期一致，记账凭证的日期要与现金实际收付日期一致。

（2）凭证栏，填写据以入账的凭证种类及编号。

（3）摘要栏，简要说明入账经济业务的内容。

（4）对方科目栏，是指与现金对应的会计科目。

（5）收入、支出、结余栏，是指现金收、支及当期结余额。

现金日记账的登记要做到日清月结。每日业务终了分别计算现金收入和支出的合计数，并结出余额，同时将余额与出纳库存现金核对清楚，如账款不符应查明原因，并记录备案，即"日清"；月末要计算本月现金的收、付和结余合计数，即"月结"。

【例 4-2】承例 4-1，登记现金日记账（见表 4-4）。

实训四 会计账簿的登记

表 4-4 现金日记账

17年		记账凭证		对方科目	摘要	现金支票号码	借方										贷方										√	余额									
月	日	字	号				千	百	十	万	千	百	十	元	角	分	千	百	十	万	千	百	十	元	角	分		千	百	十	万	千	百	十	元	角	分
9	1				期初余额																													7	0	0	0	0
	15	记	2	银行存款	提取现金					3	9	6	0	0	0	0																					
	15	记	2	应付职工薪酬	发放工资																3	9	6	0	0	0	0											
	30				本月合计					3	9	6	0	0	0	0					3	9	6	0	0	0	0							7	0	0	0	0

▶ **2. 银行存款日记账的登记**

银行存款日记账的登记方法与现金日记账的登记方法基本相同。需要说明的是，银行存款日记账中的结算凭证栏登记的是使银行存款增加或减少的结算方式。例如，委托收款凭证及号码、转账支票及号码、信汇及号码等。银行存款日记账要定期与银行转来的对账单相核对，以保证银行存款日记账记录的正确性。

【例 4-3】承例 4-1，登记银行存款日记账（见表 4-5）。

表 4-5 银行存款日记账

17年		记账凭证		对方科目	摘要	结算凭证号码	借方										贷方										√	余额									
月	日	字	号				千	百	十	万	千	百	十	元	角	分	千	百	十	万	千	百	十	元	角	分		千	百	十	万	千	百	十	元	角	分
9	1				期初余额																									1	2	0	0	0	0	0	0
	15	记	2	银行存款	提取现金																3	9	6	0	0	0	0					8	0	4	0	0	0
	30	记	4	生产成本、管理费用	支付电费																	2	0	0	0	0	0					7	8	4	0	0	0
	30				本月合计																	4	1	6	0	0	0	0					7	8	4	0	0	0

（二）总账的登记

总账是按照国家规定的一级会计科目，分类、连续地记录和反映各种资产、负债和所有者权益，以及各种收入、费用和成果的总括情况的账簿。总账一般采用订本账，如果采用活页账，年终必须装订成册，编号保管，以防止偷换账页和丢失。总账的账页格式一般有三栏式、多栏式、棋盘式和日记总账四种，下面以三栏式总账来说明总账的登记方法。

三栏式总账是每一个会计科目设立一个账户，单独使用账页。

（1）在账页左上方的"科目名称"处填写账户的名称。

（2）摘要栏记载有关经济业务的简要说明，如果采用记账凭证汇总表登记总账的话，平时可以空着不填，也可以根据登记日期，在摘要栏中简要写明"某日至某日发生额"的字样。

（3）要按时间先后顺序连续登记。在经济业务比较少的企业里，可以根据记账凭证逐笔登记总账；在经济业务比较多的企业里，常常采用记账凭证汇总表登记总账。登记时间一般是定期登记，有的五天或一周登记一次，有的十天或半个月登记一次。登账时，根据记账凭证汇总表的数字登记。记账凭证汇总表是将同科目的记账凭证汇总，计算出这一时期某科目的借方和贷方发生额，分别登记到总分类账的"借方"和"贷方"栏。需要根据记账凭证汇总表登记的总账有库存现金、银行存款、生产成本、制造费用、应付职工薪酬、管理费用、累计折旧、原材料、财务费用、本年利润、库存商品等账户，下面仅以生产成本、应付职工薪酬、累计折旧为例介绍账簿的登记。

【例 4-4】承例 4-1，登记总分类账（见表 4-6～表 4-8）。

表 4-6　总分类账

科目：生产成本　　编号（　　）　　2017 年度　　　　　　页码：

月	日	记账凭单顺序号	摘要	借方	贷方	借或贷	余额
9	1		期初余额			借	180 000
	2	记1	生产领料	53 600		借	233 600
	30	记5	结转并分配生产工人工资	35 000		借	268 600
	30	记6	结转制造费用	16 740		借	285 340
	30	记8	结转完工产品成本		141 224	借	144 116
	30		本月发生额及余额	105 340	141 224	借	144 116

表 4-7　总分类账

科目：应付职工薪酬　　编号（　　）　　2017 年度　　　　　　页码：

月	日	记账凭单顺序号	摘要	借方	贷方	借或贷	余额
9	1		期初余额			借	200
	15	记2	发放工资	39 600		借	39 800
	30		分配并结转工资		39 600	借	200
	30		本月发生额及余额	39 600	39 600	借	200

实训四 会计账簿的登记

表 4-8 总 分 类 账

科目：累计折旧　　编号（　　）　　2017 年度　　　　　　　　　　页码：

记账凭单			摘要	借方	贷方	借或贷	余额
月	日	顺序号					
9	1		期初余额			贷	85 000
	28	记3	计提折旧		19 000	贷	104 000
	30		本月发生额及余额		19 000	贷	104 000

（三）明细账的登记

▶ 1. 三栏式明细账的登记

三栏式明细账是由会计人员根据审核无误的记账凭证或原始凭证，按经济业务的先后顺序逐日进行登记的。格式同总分类账。

▶ 2. 数量金额式明细账的登记

数量金额式明细账是由会计人员根据审核无误的记账凭证、原始凭证、汇总原始凭证等，按经济业务发生的时间顺序逐日逐笔进行登记的。

【例 4-5】承例 4-1，登记原材料明细分类账（见表 4-9）。

表 4-9 原材料明细分类账

材料名称　A　　　　　　　　　　　　　　　　　　　　　　　实际单价：20 元
规格 25×25　计量单位 千克　　　　　　　　　　　　　　　　本户第　×　页

2017 年		凭证字号	摘要	收入（借方）			发出（贷方）			结存（余额）		
月	日			数量	单价	金额	数量	单价	金额	数量	单价	金额
9	1		期初余额							15 000	20	300 000
	2	记1	生产甲产品领用				1 260	20	25 200	13 740	20	274 800
	2	记1	生产乙产品领用				1 420	20	28 400	12 320	20	246 400
	2	记1	生产车间耗用				100	20	2 000	12 220	20	244 400
	2	记1	管理部门领用				120	20	2 400	12 100	20	242 000
	30		本月合计				2 900		58 000	12 100	20	242 000

▶ 3. 多栏式明细账的登记

多栏式明细账是将各类明细科目核算集中在同一账页上，因明细分类登记经济业务不同，多栏式明细分类账中的账页又分为借方多栏、贷方多栏和借贷方均多栏三种格式，此处仅介绍借方多栏式明细账的登记方法。借方多栏式明细账是由会计人员根据审核无误的记账凭证或原始凭证逐笔登记的,平时在借方登记费用成本的发生额,贷方登记月末将借方发生额一次转出的数额。如果不设贷方,月末将借方发生额一次转出时用红字记在借方。

【例4-6】承例4-1,本例涉及的多栏式账户有管理费用明细账、生产成本明细账,现只以生产成本为例,登记生产成本明细账(见表4-10和表4-11)。

表4-10 生产成本明细账

产品名称：甲产品　　　　　　　2017年9月　　　　　　　　　　　　批量：190

2017年		凭证		摘要	成本项目			
月	日	类别	号数		直接材料	直接工资	制造费用	合计
9	1			期初余额	9 000	4 000	13 924	26 924
	2	记	1	领用A材料	25 200			52 124
	30		7	分摊工资		14 000		66 124
	30		8	分摊制造费用			6 696	72 820
	30			本月合计	34 200	18 000	20 620	72 820
	30		10	结转完工产品成本	22 800	14 400	16 560	53 760
	30			期末余额	11 400	3 600	4 060	19 060

表4-11 生产成本明细账

产品名称：乙产品　　　　　　　2017年9月　　　　　　　　　　　　批量：40

2017年		凭证		摘要	成本项目			
月	日	类别	号数		直接材料	直接工资	制造费用	合计
9	1			期初余额	14 700	5 000	8 200	27 900
	2	记	1	领用A材料	28 400			56 300
	30		7	分摊工资		21 000		77 300
	30		8	分摊制造费用			10 044	87 344
	30			本月合计	43 100	26 000	18 244	87 344
	30		10	结转完工产品成本	43 100	26 000	18 244	87 344

三、会计账簿的登记实训

(一) 实训目的

(1) 掌握三栏式现金日记账和银行存款日记账的登记方法。

(2) 掌握数量金额式明细账、三栏式明细账和多栏式明细账的登记方法。

(3) 掌握三栏式总账的登记方法。

（二）实训资料

城科有限责任公司的基本信息参照实训二的"建立新账实训"。

(1) 2018年1月1日现金日记账、银行存款日记账的期初余额见实训表单2-1～实训表单2-4。

(2) 2018年1月所发生的有关经济业务见实训三的"原始凭证的填制和审核实训"和"记账凭证的填制和审核实训"，原始凭证和记账凭证见实训表单3-1～实训表单3-25。

四、实训要求

(1) 登记账簿前，指导老师应向学生强调账簿登记的基本要求，学生应按照记账规则登记账簿。

(2) 根据记账凭证逐日逐笔登记现金日记账和银行存款日记账，填制实训表单2-11～实训表单2-14。

(3) 根据记账凭证填制登记总账及所属的明细账，填制实训表单2-15～实训表单2-43。

任务二 更正错账

在记账过程中，无论是填制凭证，还是记账、过账、结账，都可能因某种原因发生错误。这些错误中，有的是单纯的笔误，有的是编错了会计分录，有的是数字计算不准确，有的是过错了账等。发生记账错误时，不准涂改、挖补、刮擦或者用药水消除字迹，不准重新抄写，必须按规定的方法更正，常用的方法可以归纳为画线更正法、红字更正法和补充登记法三种。

一、画线更正法

画线更正法，是指用画线来更正错账的方法。这种方法适用于记账后结账前，如果发现账簿记录有错误，而记账凭证无错误，即纯属笔误造成登账时出现文字或数字错误，此时应用画线更正法进行更正。画线更正法的具体做法如下。

(1) 将错误的文字或数字画一条红线予以注销，但是必须使原有字迹清晰可认。

(2) 在画线上方空白处用蓝黑墨水填写正确的记录，并由更正后经办人员在画线的一端盖章以明确责任。

(3) 在进行画线更正时应注意以下问题：如果是文字错误，可只画错误部分，如果是数字错误，应将全部数字画销，不得只画错误数字。例如，将5 424错记为5 435，应更正为5 424不得更正为24；如应计入"应收账款"科目借方而误计入"其他应收款"科目借方400，应在"其他应收款"科目借方注销400，另在"应收账款"科目借方登记400；记错方向，应计入借方200而误计入贷方200，则贷方注销200，借方另用蓝字登记200。上述更正处都应加盖经办人员的图章,以明确责任。

二、红字更正法

红字更正法又称红字冲账法,是用红字冲销或冲减原记录数,以更正或调整账簿记录的一种方法。记账以后,如果发现记账凭证发生错误,导致记账错误时,可采用红字更正法进行更正,红字记录表示对原记录的冲减。红字更正法的具体做法分两种情况。

(一)记账依据的会计凭证中应借应贷的方向、科目或金额有错误

记账依据的会计凭证中应借应贷的方向、科目或金额有错误,导致账簿记录错误时,具体做法是,首先用红字(只限金额用红字,其他项目用蓝字)填制一张与原错误凭证完全相同的记账凭证,在摘要中注明"冲销×××年××月××日××号凭证",并用红字(金额)登记入账,以冲销原来的账簿记录;然后再用蓝字填制一张正确的记账凭证,在摘要中注明"更正的×××年××月××日××号凭证",并据以登记入账。冲销和订正的记账凭证后面可不附原始凭证。

【例4-7】2017年5月1日,车间生产乙产品领用直径5mm圆钢3 500元。会计人员根据领料单编制记账凭证如下。

转12号:借:制造费用 3 500
　　　　　贷:原材料——原材及主要材料 3 500

会计人员审核时,没有发现问题并据以登记入账,在账簿核对时,会计人员注意到生产领用的直径5mm圆钢应直接计入产品生产成本,不应该计入制造费用。用红字更正法更正如下。

(1)用红字填写一张与原错误凭证一样的记账凭证,在摘要栏注明"冲销2017年5月1日第12号记账凭证"。

转32号:借:制造费用 |3 500|
　　　　　贷:原材料——原料及主要材料 |3 500|

(2)用蓝字填制一张正确的记账凭证:

转33号:借:生产成本——乙产品 3 500
　　　　　贷:原材料——原料及主要材料 3 500

以上更正用T形账户表示:

原材料		制造费用
3 500	转12	3 500
|3 500|	转32	|3 500|

		生产成本
3 500	转33	3 500

（二）记账依据的会计凭证的金额有错误

记账依据的会计凭证的金额有错误，并且错误金额大于应记金额，导致账簿记录金额多记，而会计科目及记账方向均无错误。

具体做法是：用红字（只限金额）填写一张会计科目、借贷方向与原记账凭证一致，但金额为多记金额的记账凭证，并在摘要栏注明"冲销××××年××月××日××号多记金额"，并据以记账，对原错误进行更正。

【例4-8】2017年6月10日销售给甲企业一批产品，价值38 000元，已办妥委托收款手续（不考虑增值税），编制记账凭证如下。

转43号：借：应收账款——甲企业   83 000
     贷：主营业务收入   83 000

会计人员据以登记入账。2016年6月30日与甲企业对账时，发现双方记载不一致，查找到此笔错误记录，属于多记45 000元，更正如下。

转83号：冲销2005年6月10日转43号多记金额。

  借：应收账款——甲企业   45 000
   贷：主营业务收入   45 000

以上更正用T形账户表示：

主营业务收入		应收账款	
	8 300 转43	8 300	
	4 500 转83	4 500	

三、补充登记法

补充登记法是补充登记账簿少记金额的一种方法。在记账以后，如果记账依据的会计凭证的会计科目及记账方向均无错误，只是金额有错误，并且错误金额小于应记的金额，导致账簿记录金额少记，这种情况下可采用补充登记法。

具体做法是：填写一张会计科目、借贷方向与原始记账凭证一致，但金额是少记金额的记账凭证，并在摘要栏注明"补记××××年××月××日××号记账凭证少记金额"，并据以记账，这样对原错误进行了更正。

【例4-9】2017年7月13日销售给兴华公司产品一批，价值11 000元，已办妥委托收款手续（不考虑增值税）。编制记账凭证如下。

转34号：借：应收账款——兴华公司   10 000
     贷：主营业务收入   10 000

会计人员据以入账。发现错误后，将少记金额1 000元用蓝字填制凭证，在摘要栏注明"补充2017年7月13日转34号少记金额"。

转65号：借：应收账款——兴华公司   1 000
     贷：主营业务收入   1 000

以上更正记录用T形账户表示：

主营业务收入		应收账款	
10 000	转34号	10 000	
1 000	转65号	1 000	

采用红字更正法和补充登记法时，在重新填制的记账凭证摘要栏内，必须注明原记账凭证日期、编号及更正原因，以便查阅核实。

■ 四、更正错账实训

（一）实训目的

熟练掌握错账的更正方法。

（二）实训资料

某公司2017年6月有三笔经济业务的原始凭证、记账凭证及账簿的登记情况如下。

业务1：6月6日，生产A产品领用钢材。原始凭证如表4-12和表4-13所示。

表4-12 领 料 单

领料单位：生产车间　　　　用途：A产品　　　　2017年6月6日　　　　No.23654

材料类别	材料名称及规格	计量单位	数量		单价	金额
			请领	实领		
原料及主要材料	20mm 钢材	吨	6	6	2 550	15 300.00
合　　计			6	6		15 300.00

第二联 记账联

记账：陈尘　　　　发料：黄敏　　　　领料：李利

表4-13 转 账 凭 证

2017年6月6日　　　　　　　　　　　　　　　　　　　　转字02号

摘　要	科目名称		借方金额	贷方金额	记账符号
	总账科目	明细科目	十万千百十元角分	十万千百十元角分	
领用材料	生产成本	A产品	1 3 5 0 0 0 0		√
	原材料	螺纹钢		1 3 5 0 0 0 0	√
附件1张	合　计		¥1 3 5 0 0 0 0	¥1 3 5 0 0 0 0	

会计主管：何总　　　　记账：冯言　　　　复核：××　　　　制单：陈尘

业务2：6月12日，职工李兴出差借款。原始凭证如表4-14和表4-15所示。

实训四 会计账簿的登记

表 4-14 借 款 单
2017 年 6 月 12 日

工作单位	姓名	借款金额	批准金额	备 注
供应科	李兴	￥2 300.00	￥2 300.00	
借款金额(大写)贰仟叁佰元整				
借款理由	预借差旅费			

批准人：×× 　　审核：×× 　　借款人：李兴 　　经办人：××

表 4-15 付 款 凭 证
贷方科目：库存现金　　　2017 年 6 月 12 日　　　现付字 06 号

摘 要	总账科目	明细科目	金额 百十万千百十元角分	记账
职工预借差旅费	其他应付款	李兴	3 2 0 0 0 0	
		合计金额	￥ 3 2 0 0 0 0	

附件 张

会计主管：×× 　　记账：×× 　　复核：×× 　　制单：陈尘 　　出纳：××

业务 3：6 月 15 日，销售废料一批。原始凭证如表 4-16 和表 4-17 所示。

表 4-16 海口市工业企业统一发票
购货单位：兴达收购站　　　2017 年 6 月 15 日　　　No.236548

品名	规格	单位	数量	单价	金额 十万千百十元角分
废铁		千克	1 200	0.8	9 6 0 0 0
人民币(大写)玖佰陆拾元整					￥ 9 6 0 0 0

第二联 发票联

单位盖章： 　　收款人：崔玲 　　制票人：杜文

表 4-17 收 款 凭 证
借方科目：库存现金　　　2017 年 6 月 15 日　　　现收字 10 号

摘 要	总账科目	明细科目	金额 百十万千百十元角分	记账
销售废铁一批	其他业务收入		9 6 0 0 0	
		合计金额	￥ 9 6 0 0 0	

附件 张

会计主管：×× 　　记账：×× 　　复核：×× 　　制单：陈尘 　　出纳：××

登记总分类账户，如表 4-18～表 4-22 所示。

表 4-18　总分类账户

科目：生产成本

17年		凭证号数	摘要	借方								贷方								借或贷	余额							
月	日			百	十	万	千	百	十	元	角	分	百	十	万	千	百	十	元	角	分		百	十	万	千	百	十	元	角	分
6	6	转字2号	领用材料			1	3	5	0	0	0	0																			

表 4-19　总分类账户

科目：原材料

17年		凭证号数	摘要	借方								贷方								借或贷	余额							
月	日			百	十	万	千	百	十	元	角	分	百	十	万	千	百	十	元	角	分		百	十	万	千	百	十	元	角	分
6	1		期初余额																			借		1	0	0	0	0	0	0	0
6	6		生产领用材料			1	3	5	0	0	0	0										借			8	6	5	0	0	0	0

表 4-20　总分类账户

科目：库存现金

17年		凭证号数	摘要	借方								贷方								借或贷	余额							
月	日			百	十	万	千	百	十	元	角	分	百	十	万	千	百	十	元	角	分		百	十	万	千	百	十	元	角	分
6	1		期初余额																			借				4	1	0	0	0	0
	12		职工借差旅费													3	2	0	0	0	0	借					9	0	0	0	0
	15		销售废料一批					6	9	0	0	0										借				1	5	9	0	0	0

表 4-21　总分类账户

科目：其他应收款

17年		凭证号数	摘要	借方									贷方									借或贷	余额								
月	日			百	十	万	千	百	十	元	角	分	百	十	万	千	百	十	元	角	分		百	十	万	千	百	十	元	角	分
6	1		期初余额																			借				1	2	0	0	0	0
	12		职工出差借款				3	2	0	0	0	0										借				4	4	0	0	0	0

表 4-22　总分类账户

科目：其他业务收入

17年		凭证号数	摘要	借方									贷方									借或贷	余额								
月	日			百	十	万	千	百	十	元	角	分	百	十	万	千	百	十	元	角	分		百	十	万	千	百	十	元	角	分
6	3		收取租金														4	0	0	0	0											
	15		销售废料一批															6	9	0	0	0											

五、实训要求

（1）将每笔经济业务的原始凭证与记账凭证，以及记账凭证与账簿记录进行核对，指出存在的错误，说明应采用的更正方法，并进行更正。

（2）填写实训表单 4-1～实训表单 4-11。

任务三　对账和结账

一、对账

对账，是指核对账目，即对账簿和账户所记录的有关数据加以检查和核对，从而保证会计记录真实可靠、正确无误。会计人员要按照各种账簿记录情况的不同，分别进行定期和不定期的对账。

（一）对账的内容

对账的内容一般包括账证核对、账账核对和账实核对。

▶ 1. 账证核对

账证核对指会计账簿记录与会计凭证有关内容核对相符。保证账证相符，也是会计核算的基本要求。

▶ 2. 账账核对

账账核对指会计账簿之间相对应的记录核对相符，具体包括以下内容。

（1）总分类账簿中全部账户的借方发生额合计与贷方发生额合计、期末借方余额合计与贷方余额合计分别核对相符。

（2）现金日记账和银行存款日记账的期末余额，应与总分类账中"现金"和"银行存款"账户的期末余额核对相符。

（3）总分类账户的月末余额，应与其所属的各明细分类账户月末余额的合计数核对相符。

（4）会计部门有关财产物资明细账的期末结存数，应与财产物资保管和使用部门相应的保管账（卡）的结存数核对相符。

▶ 3. 账实核对

账实核对指账簿记录与实物、款项实有数核对相符，具体包括以下内容。

（1）现金日记账的账面余额与库存现金实存数核对相符。

（2）银行存款日记账的账面记录与银行对账单核对相符。

（3）财产物资明细账的结存数与财产物资实存数核对相符。

（4）各种应收款项、应付款项的明细分类账的账面余额，与有关往来单位核对相符。

（二）对账的方法

▶ 1. 账证核对

账证核对主要是核对会计账簿记录与原始凭证、记账凭证、凭证字号、内容、金额是否一致，记账方向是否相符。核对时一般采用抽查法，倘若发现差错，则要逐步核对，直到查出错误的原因为止。

▶ 2. 账账核对

根据账账核对的内容不同，可采用不同的核对方法。

（1）总分类账的核对方法，一般是通过编制"总分类账户试算平衡表"进行核对。试算平衡表是根据总分类账户编制的，它的格式一般有三种：余额式、发生额式和发生额及余额式。即通过列示各账户期初、期末余额和本期发生额，检查其借、贷方发生额及余额是否平衡。如核对结果不平衡，则说明记账有误，应查明并进行更正。

（2）总分类账与现金日记账、银行存款日记账之间，可以直接进行核对。

现金日记账与现金总账核对，如表4-23所示。

表4-23 现金日记账与现金总账核对 单位：元

会计账簿	期初余额		本期发生额		期末余额	
	借方	贷方	借方	贷方	借方	贷方
现金日记账	700		39 600	39 600	700	
现金总账	700		39 600	39 600	700	

银行存款日记账与银行存款总账核对,如表 4-24 所示。

表 4-24　银行存款日记账与银行存款总账核对　　　　　　　　　　单位:元

会计账簿	期初余额		本期发生额		期末余额	
	借方	贷方	借方	贷方	借方	贷方
银行存款日记账	120 000			41 600	78 400	
银行存款总账	120 000			41 600	78 400	

（3）总分类账与所属明细账的核对,一般有两种方法可供选择。一种是通过编制本期发生额及余额明细表或财产物资收、发、结存表与总分类账进行核对,如有不符,再查找原因;另一种是将总账所属的各明细账户余额的合计数与对应的总账余额相核对,看其是否相符。

原材料明细账与原材料总账核对,如表 4-25 所示。

表 4-25　原材料明细账与原材料总账核对　　　　　　　　　　单位:元

会计账簿		期初余额		本期发生额		期末余额	
		借方	贷方	借方	贷方	借方	贷方
原材料明细账	甲	300 000			41 600	258 400	
原材料总账		300 000			41 600	258 400	

生产成本明细账与生产成本总账核对,如表 4-26 所示。

表 4-26　生产成本明细账与生产成本总账核对　　　　　　　　　　单位:元

会计账簿		期初余额		本期发生额		期末余额	
		借方	贷方	借方	贷方	借方	贷方
生产成本明细账	甲	26 924		45 976	53 760	19 140	
	乙	27 900		59 564	87 464	0	
	丙	125 176				125 176	
生产成本总账		180 000		105 540	141 224	144 316	

管理费用明细账与管理费用总账核对,如表 4-27 所示。

（4）财产物资明细账与财产物资保管账的核对方法,一般是将明细账的数量直接与保管账的数量相核对,看其是否相符,如有不符,再进一步查找原因。

▶ 3. 账实核对

账实核对是核对会计账簿记录与财产实有数额是否相符,包括:现金日记账账面余额与现金实际库存数相核对;银行存款日记账账面余额定期与银行对账单相核对;各种财产物资明细账账面余额与财产物资实存数额相核对;各种应收、应付明细账账面余额与有关债务、债权单位或个人相核对等。

表 4-27　管理费用明细账与管理费用总账核对　　　　　　　　单位：元

会计账簿		期初余额		本期发生额		期末余额	
		借方	贷方	借方	贷方	借方	贷方
管理费用明细账	折旧费			8 000	8 000		
	工资费用			2 000	2 000		
	材料费用			2 400	2 400		
	分摊报刊费			320	320		
	其他			860	860		
管理费用总账				13 580	13 580		

二、结账

（一）结账方法

结账，是指把一定时期内应计入账簿的经济业务全部登记入账后，计算记录本期发生额及期末余额，并将余额结转下期或新的账簿。

会计人员应按照规定，对现金、银行存款日记账按日结转，对其他账户按月、季、年结账。

▶ 1. 日结

现金、银行存款日记账需要逐日结出余额。结账时，在本日最后一笔经济业务下面结计出本日发生额合计及余额，摘要栏注明"本日合计"即可。

▶ 2. 月结

结账时，在本月最后一笔经济业务下面通栏画单红线，结出本月发生额合计和月末余额；在摘要栏注明"本月合计"字样，在借或贷栏内写明"借"或"贷"字样，在下面通栏画单红线。如果本月只发生一笔经济业务，由于这笔经济业务记录的金额就是本月发生额，结账时，只要在此记录下通栏画单红线，表示与下月的发生额分开即可，不需另行结出"本月合计"数。如无余额，应在借或贷栏内写上"平"字样，余额栏内写上"0"的字样，其余同上所述。

对于期末没有余额的"损益类"等账户，在加计借贷方发生额，显示双方金额相等后，在摘要栏注明"本月发生额合计"字样，在其下通栏画单红线，以表示该账户月底已结平。下月在红线下连续登记。

对于不需要按月结计本期发生额的账户，如各项应收应付款明细账和各项财产物资明细账等，每次记账以后，都要随时结出余额，每月最后一笔经济业务的余额即为月末余额。月末结账时，只需要在最后一笔经济业务记录之下通栏画单红线即可。

需要结计本年累计发生额的账户，每月结账时，应在"本月合计"行下结出自年初起至本月末止的累计发生额，登记在月份发生额合计下面，在摘要栏内注明"本年累计"字样，并在下面通栏画单红线。

▶ 3. 季结

季末,将计算出的本季度三个月的发生额合计数写在月结数的下一行内,在摘要栏注明"本季合计"字样,并在下面通栏画单红线。

▶ 4. 年结

月末已结计本年累计发生额的账户,12月末的"本年累计"就是全年累计发生额,在下面通栏画双红线表示封账。平时只需结计本月合计的账户,年终结账时,要在12月末"本月合计"行下面结出全年发生额合计及年末余额,在摘要栏内注明"本年合计"字样,并在合计数下通栏画双红线表示封账。年结后,有余额的账户,要将其余额结转下年,并在摘要栏注明"结转下年"字样,在下一会计年度新建有关会计账簿的第一行余额栏内填写上年结转的余额,并在摘要栏注明"上年结转"字样。结转的方法是将余额直接计入新账余额栏内,不需要编制记账凭证,也不必将余额计入本年账户的相反方向,把本年有余额的账户余额变为零。

(二)结账示例

日记账、明细分类账和总分类账账簿的结账方法一样,所以只以现金日记账月结为例,如表4-28所示。

表4-28 现金日记账

17年		记账凭证		对方科目	摘要	现金支票号码	借方										贷方										√	余额								
月	日	字	号				千	百	十	万	千	百	十	元	角	分	千	百	十	万	千	百	十	元	角	分		千	百	十	万	千	百	十	元	角	分
9	1				期初余额																													7	0	0	0	0
	15	记	2	银行存款	提取现金						3	9	6	0	0	0																				
	15	记	2	应付工资	发放工资																3	9	6	0	0	0										
	30				本月合计						3	9	6	0	0	0					3	9	6	0	0	0							7	0	0	0	0

三、对账和结账实训

(一)实训目的

掌握对账和结账方法。

(二)实训资料

依据本实训中的账簿登记实训资料进行对账与结账。

四、实训要求

(1)月末结出各类账户本期发生额及期末余额,将总分类账簿、明细分类账簿、日记账簿中相关内容进行核对。

(2)按规定的结账方法进行结账。

实训考核表

实训项目		实训能力成绩	出勤成绩
登记账簿	1. 登记总账		
	2. 登记日记账		
	3. 登记明细账		
更正错账	1. 画线更正法		
	2. 红字更正法		
	3. 补充登记法		
对账和结账	1. 对账处理正确		
	2. 结账符合规定		
成绩总和			

备注

学生签字：　　　　　　　教师签字：　　　　　　　日期：

5 实训五
账务处理程序

> **实训要求**
>
> 掌握记账凭证账务处理程序、汇总记账凭证账务处理程序及科目汇总表账务处理程序等几种常用的账务处理程序。

任务一　记账凭证账务处理程序

一、记账凭证账务处理程序的特点

记账凭证账务处理程序是最基本的账务处理程序,它的特点是直接根据记账凭证逐笔登记总分类账。在这种账务处理程序下,根据经济业务的需要,记账凭证可采用通用记账凭证,也可分别采用收款凭证、付款凭证和转账凭证,需要设置现金和银行存款日记账、总分类账和明细分类账。现金和银行存款日记账,以及总分类账均采用三栏式,明细分类账根据需要设置,分别采用三栏式、数量金额式和多栏式。

二、记账凭证账务处理程序的流程

记账凭证账务处理程序的流程如图 5-1 所示。
① 根据原始凭证填写汇总原始凭证。
② 根据审核无误的原始凭证或者汇总原始凭证,编制收款、付款和转账三类记账凭证,或者填制通用记账凭证。
③ 根据收款、付款凭证逐日逐笔登记特种日记账(包括现金、银行存款日记账)。
④ 根据原始凭证、汇总原始凭证和记账凭证编制有关的明细分类账。
⑤ 根据记账凭证逐笔登记总分类账。
⑥ 月末,将各种日记账的余额及各种明细账的余额合计数,分别与总账中有关账户的余额核对相符。

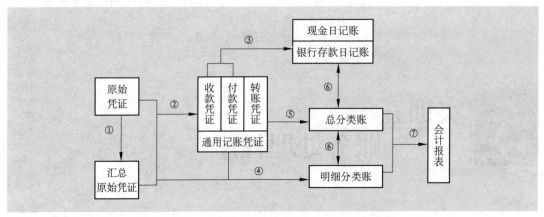

图 5-1 记账凭证账务处理程序的流程

⑦ 月末,根据核对无误的总账和有关明细账的记录,编制会计报表。

三、记账凭证账务处理程序的优缺点和适用范围

记账凭证账务处理程序简单明了、便于理解,总分类账可以较详细地反映经济业务的发生和完成情况,其缺点是:由于总分类账直接根据记账凭证逐笔登记,所以如果企业的规模较大,经济业务较多,登记总分类账的工作量就会比较大。因此,该账务处理程序主要适用于规模较小,经济业务量较少的单位。

任务二 汇总记账凭证账务处理程序

一、汇总记账凭证账务处理程序的特点

汇总记账凭证账务处理程序的特点是:先定期将全部记账凭证按收款凭证、付款凭证和转账凭证分别归类编制成汇总记账凭证(包括汇总收款凭证、汇总付款凭证和汇总转账凭证),再根据汇总记账凭证登记总分类账。

在汇总记账凭证账务处理程序下,凭证和账簿的设置与记账凭证核算程序基本相同,只是需要定期根据记账凭证编制汇总记账凭证。

二、汇总记账凭证账务处理程序的流程

汇总记账凭证核算程序的流程如图 5-2 所示。
① 根据原始凭证编制汇总原始凭证。
② 根据原始凭证或汇总原始凭证,编制收款凭证、付款凭证和转账凭证,也可采用通用的记账凭证。
③ 根据收款凭证和付款凭证逐笔登记现金日记账和银行存款日记账。
④ 根据原始凭证、汇总原始凭证和记账凭证登记各种明细分类账。

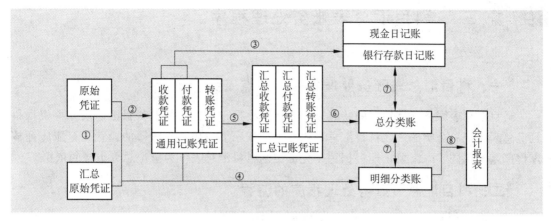

图 5-2 汇总记账凭证账务处理程序的流程

⑤ 根据记账凭证编制各种汇总记账凭证,包括汇总收款凭证、汇总付款凭证和汇总转账凭证。

⑥ 根据汇总记账凭证登记总分类账。

⑦ 期末,将现金日记账、银行存款日记账和明细分类账的余额同有关总分类账的余额核对相符。

⑧ 期末,根据总分类账和明细分类账的记录,编制会计报表。

三、汇总记账凭证账务处理的应用

汇总记账凭证是按照账户的对应关系,根据记账凭证定期编制汇总收款凭证、汇总付款凭证、汇总转账凭证。汇总的时间应根据业务量大小确定,一般可 5 天、10 天或 15 天汇总一次。

汇总收款凭证,按"库存现金""银行存款"账户的借方设置,定期根据收款凭证按贷方科目归类、汇总,月终结出合计数,据以登记总账。

汇总付款凭证,按"库存现金""银行存款"账户的贷方设置,定期根据付款凭证按借方科目归类、汇总,月终结出合计数,据以登记总账。

汇总转账凭证,按每一贷方科目分别设置,并根据转账凭证的借方科目归类,定期汇总,月终结出合计数,据以登记总账。

四、汇总记账凭证账务处理程序的优缺点和适用范围

汇总记账凭证账务处理程序的优点:由于总账是在月末根据汇总记账凭证一次性登记入账,因此减少了登记总分类账的工作量;同时,汇总记账凭证是按照会计科目的对应关系编制的,便于了解账户之间的对应关系。其缺点是:按每一贷方科目编制汇总转账凭证,不利于日常核算工作的合理分工,当转账凭证较多时,编制汇总转账凭证的工作量较大。因此,该账务处理程序主要适用于规模较大、经济业务量较多的单位。

任务三 科目汇总表账务处理程序

一、科目汇总表账务处理程序的特点

科目汇总表账务处理程序的特点是：先定期根据记账凭证编制科目汇总表，再根据科目汇总表登记总分类账。在科目汇总表账务处理程序下，凭证和账簿的设置与记账凭证核算程序基本相同，只需要定期根据记账凭证编制科目汇总表作为登记总分类账的依据。

二、科目汇总表账务处理程序的流程

科目汇总表账务处理程序的流程如图 5-3 所示。

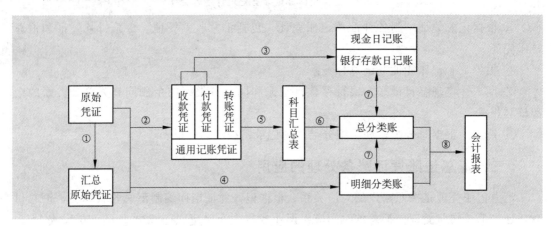

图 5-3 科目汇总表账务处理程序的流程

① 根据原始凭证编制汇总原始凭证。
② 根据原始凭证或者汇总原始凭证编制记账凭证。
③ 根据收款凭证、付款凭证逐笔登记现金日记账和银行存款日记账。
④ 根据原始凭证、汇总原始凭证和记账凭证登记各种明细分类账。
⑤ 根据各种记账凭证编制科目汇总表。
⑥ 根据科目汇总表登记总分类账。
⑦ 期末，现金日记账、银行存款日记账和明细分类账的余额同有关总分类账的余额核对相符。
⑧ 期末，根据总分类账和明细分类账的记录，编制会计报表。

三、科目汇总表账务处理程序的应用

根据记账凭证的多少，科目汇总表一般可按 5 天、10 天、15 天、1 个月编制。科目汇总表的编制方法有全部汇总和分类汇总两种。全部汇总，即将一定时期内的全部收款、付款、转账凭证汇总在一张科目汇总表上，据以登记总分类账。分类汇总，即将一定时期内的全部收款、付款、转账凭证分别汇总，编制成三张科目汇总表，据以登记总分类账。

科目汇总表的编制步骤如下：

(1) 做T形账,即根据记账凭证将各科目按T形列示。上方为科目名称(只列示一级科目),左方为科目借方金额,右方为贷方金额。

(2) 科目余额全部列示后,分别按借方、贷方合计,然后将合计数填入"科目汇总表"中,验证借方金额是否等于贷方金额,如果不相等,查验错误并改正,直至相等为止。验证借方金额与贷方金额相等的依据是"有借必有贷,借贷必相等",因为每一张记账凭证都是借方、贷方一定相等,所以根据记账凭证得出的科目汇总表也一定是借方、贷方必定相等。

四、科目汇总表账务处理程序的优缺点和适用范围

科目汇总表账务处理程序的优点是:根据科目汇总表登记总分类账,大大减少登记总分类账的工作量,科目汇总表还可以起到试算平衡的作用。其缺点是:科目汇总表不能反映账户对应关系,不便于查对账目。因此,科目汇总表账务处理程序主要适用于规模较大,经济业务量较多的单位。

五、科目汇总表账务处理程序实训

(一)实训目的

掌握科目汇总表编制的方法。

(二)实训资料

城科有限责任公司的基本信息参照实训二的"建立新账实训"。

六、实训要求

1. 现以实训三资料所填制的记账凭证为依据,采用全部汇总的方法对记账凭证定期(15天)编制科目汇总表。

2. 根据科目汇总表登记总分类账(仅以银行存款总账为例,其他从略),填写实训表单5-1~实训表单5-6。

实训考核表

	实训项目	实训能力成绩	出勤成绩
科目汇总表账务处理程序	1. 编制科目汇总表		
	2. 根据科目汇总表登记总账		
	成绩总和		
备注			
学生签字:	教师签字:	日期:	

ns

实训六 核对表的编制

实训要求

掌握试算平衡表和银行存款余额调节表的编制。

任务一 试算平衡表的编制

一、试算平衡表的编制步骤

试算平衡,是指在借贷记账法下,利用借贷发生额和期末余额(期初余额)的平衡原理,检查账户记录是否正确的一种方法。试算平衡表可以分为两种:一种是将本期发生额和期末余额分别编制列表;另一种是将本期发生额和期末余额合并在一张表上进行试算平衡。

通过试算平衡表来检查账簿记录是否正确,一般情况下是可行的,但这并不意味着绝对正确。从某种意义上讲,如果借贷不平衡,就可以肯定账户的记录或者计算有错误,但是如果借贷平衡,也不能肯定账户记录没有错误,因为有些错误根本不影响借贷双方的平衡关系。编制试算平衡表的步骤如下。

(1)期末把全部账户应记录的经济业务登记入账,并计算出各账户本期借方发生额、贷方发生额和期末余额。

(2)编制总分类账户本期发生额及余额表。

应当指出,试算平衡表中借贷平衡并不意味着日常账户记录完全正确,只能说明基本正确,因为有些账户记录的错误很难从试算平衡表中发现。这些错误包括:①借贷双方发生同等金额的记录错误;②全部漏记或重复记录同一项经济业务;③账户记录发生借贷方向错误;④用错有关账户名称。这些错误需要利用其他方法进行查找。

二、试算平衡表的编制实训

（一）实训目的

掌握发生额及余额试算平衡表编制的方法。

（二）实训资料

城科有限责任公司的基本信息参照实训二的"建立新账实训"，总账参见实训四。

三、实训要求

月末编制总账余额和发生额试算平衡表，填写实训表单6-1。

任务二 编制银行存款余额调节表

一、银行存款余额调节表的编制步骤

银行每月会定期打印客户对账单，出纳人员应定期核对银行存款日记账与银行对账单，即使企业记账和银行记账都没有错误，银行存款日记账的余额和银行对账单的余额也往往不一致，需要编制银行存款余额调节表。银行存款余额调节表的编制步骤如下。

（1）按银行存款日记账登记的先后顺序逐笔与银行对账单核对，对双方都已登记的事项打"√"。

（2）对日记账和对账单中未打"√"项目进行检查，确认是属于记账错误，还是属于未达账项。

（3）对查出的企业记账错误按照一定的错账更正方法进行更正，登记入账，调整银行存款日记账账面余额；对银行记账错误通知银行更正，并调整银行对账单余额。

（4）编制银行存款余额调节表，将属于未达账项的事项计入调节表，计算调节后的余额。

如果调节后双方账目余额不相符，则说明账簿记录有差错，出纳员应进一步查明原因，予以更正。如果银行存款余额调节表的结果显示双方账目余额相等，一般说明双方记账没有差错，无须做任何调整。一般情况下，不能直接以银行存款余额调节表的结果来调整账簿。

二、银行存款余额调节表的编制实训

（一）实训目的

进行银行存款日记账与银行对账单的核对，分析账单不符的原因，掌握银行存款余额调节表编制的方法。

（二）实训资料

某公司2017年6月银行存款日记账记录和6月银行对账单分别如表6-1和表6-2所示。

表 6-1 银行存款日记账

2017年		凭证		摘要	对方科目	结算凭证		借方	贷方	余额
月	日	字	号			种类	号数			
6	20			略						415 000
6	21	银付	18	支付差旅费	其他应收款	现支	10 785		1 000	414 000
6	22	银付	19	提现发薪	库存现金	现支	10 786		45 000	369 000
6	24	银付	20	办公用品费	管理费用	转支	45 761		320	368 680
6	26	银收	18	存销货款	主营业务收入	进账单	7 852	11 700		380 380
6	30	银付	21	邮电费	管理费用	转支	45 726		250	380 130
6	30	银收	19	存款利息	财务费用	结息单	38 976	417		380 547
6	30	银收	20	存押金	其他应付款	进账单	7 853	3 600		384 147

表 6-2 中国工商银行胜利街支行营业部对账单

2017年6月30日

2017年		对方科目代号	摘要	凭证号		借方	贷方	余额
月	日			现金支票	结算凭证			
			略					415 000
6	21	10	现金支票	10 785		1 000		414 000
6	22	10	现金支票	10 786		45 000		369 000
6	25	65	转账支票		45 761	320		368 680
6	26	10	进账单		7 852		11 700	380 380
6	30	46	托收承运		47 216		10 000	390 380
6	30	251	结息单		38 976		417	390 797
6	30	518	委托收款		36 481	20 358		370 439

三、实训要求

1. 将银行存款日记账记录和银行对账单记录进行逐笔核对。
2. 分析未达账项。
3. 编制银行存款余额调节表,填写实训表单 6-2。

实训考核表

	实训项目	实训能力成绩	出勤成绩
填制试算平衡表	1. 填制发生额试算平衡		
	2. 填制月末余额试算平衡		
编制银行存款余额调节表	1. 审核对账单		
	2. 正确归类未达账项		
	3. 填制银行存款余额调节表		
	成绩总和		
备注			
学生签字:	教师签字:		日期:

实训七 会计报表的编制

> **实训要求**
>
> 掌握试算资产负债表和利润表的编制。

任务一 资产负债表的编制

一、资产负债表的编制方法

资产负债表"年初数"栏内各项数字，应根据上年末资产负债表"期末数"栏内所列数字填列。如果本年度资产负债表规定的各个项目的名称和内容同上年度不一致，应对上年年末资产负债表项目的名称和数字按照本年度的规定进行调整，填入"年初数"栏内。

资产负债表"期末数"各项目的具体填列方法归纳如下。

（一）根据总账账户期末余额直接填列

如"应收票据""固定资产原价""累计折旧""短期借款""应付票据""应付职工薪酬""应交税费""应付股利""其他应付款""实收资本""资本公积""盈余公积"等项目可根据总账账户期末余额直接填列。

（二）根据若干个总账账户的期末余额计算填列

（1）"货币资金"项目，反映企业库存现金、银行结算户存款、外埠存款、银行汇票存款、银行本票存款、信用卡存款、信用证保证金存款等的合计数。本项目应根据"库存现金""银行存款""其他货币资金"账户的期末余额合计填列。

（2）"短期投资"项目，反映企业购入的各种能随时变现并准备随时变现的、持有时间不超过1年(含1年)的股票、债券和基金，以及不超过1年(含1年)的其他投资，减去已提跌价准备后的净额。本项目应根据"短期投资"账户的期末余额，减去"短期投资跌价准备"账户的期末余额后的金额填列。

（3）"存货"项目，反映企业期末在库、在途和在加工中的各项存货的可变现净值，包括各种材料、商品、在产品、半成品、包装物、低值易耗品、分期收款发出商品、委托代销商品、受托代销商品等。本项目应根据"在途物资""原材料""低值易耗品""包装物""自制半成品""库存商品""分期收款发出商品""受托代销商品""生产成本"等账户的期末余额合计，减去"存货跌价准备""代销商品款"账户期末余额后的金额填列。

（4）"无形资产"项目，反映企业各种无形资产的可回收金额。本项目应根据"无形资产"账户的期末余额，减去"无形资产减值准备"账户期末余额后的金额填列。

（5）"未分配利润"项目，反映企业尚未分配的利润。本项目应根据"本年利润"账户和"利润分配"账户的余额计算填列。未弥补的亏损，在本项目内以"－"号填列。

（三）根据有关账户所属相关明细账的期末余额计算填列

（1）"应收账款"项目，反映企业因销售商品、产品和提供劳务等而应向购买单位收取的各种款项，减去已计提的坏账准备后的净额。本项目应根据"应收账款"和"预收账款"总账所属各有关明细账的期末借方余额合计，减去"坏账准备"总账中有关应收账款计提的坏账准备期末余额后的金额填列。

（2）"预付账款"项目，反映企业预付给供应单位的款项。本项目应根据"预付账款"和"应付账款"总账所属各有关明细账的期末借方余额合计填列。

（3）"应付账款"项目，反映企业购买原材料、商品和接受劳务供应等而应付给供应单位的款项。本项目应根据"应付账款"和"预付账款"总账所属各有关明细账期末贷方余额合计填列。

（4）"预收账款"项目，反映企业预收购买单位的账款。本项目应根据"预收账款"和"应收账款"总账所属各有关明细账户的期末贷方余额合计填列。

（四）根据总账和明细账余额分析计算填列

（1）"其他应收款"项目，反映企业对其他单位和个人的应收和暂付的款项，减去已计提的坏账准备后的净额。本项目应根据"其他应收款"总账的期末余额，减去"坏账准备"账户中有关其他应收款计提的坏账准备期末余额后的金额填列。

（2）"长期借款"项目，反映企业借入尚未归还的1年期以上（不含1年）的借款本息。本项目应根据"长期借款"总账账户余额扣除"长期借款"账户所属的明细账户中将在一年内到期的长期借款部分分析计算填列。

二、资产负债表编制示例

【例7-1】某公司2017年12月31日全部账户余额如表7-1所示。

表7-1　总分类账户余额表

编制单位：某公司　　　　　　2017年12月31日　　　　　　　　　单位：元

总　账	借方余额	贷方余额	总　账	借方余额	贷方余额
库存现金	1 000		短期借款		260 000
银行存款	290 000		应付账款		332 500
应收票据	60 000		应付票据		59 700
应收账款	292 500		应付股利		22 900
预付账款	145 000		应交税费		10 500

续表

总　账	借方余额	贷方余额	总　账	借方余额	贷方余额
在途物资	68 000		应付利息		3 900
原材料	296 000		未利润分配		208 000
生产成本	154 500		实收资本		1 860 000
库存商品	185 000		盈余公积		146 000
固定资产	1 587 000		资本公积		380 000
累计折旧		105 500			
无形资产	310 000				
合　计	3 389 000	105 500	合　计		3 283 500

根据上述资料，编制该公司2017年12月31日的资产负债表如表7-2所示。

表7-2　资产负债表

编制单位：某公司　　　　　　2017年12月31日　　　　　　　　单位：元

资　　产	行次	期末数	负债和所有者权益（或股东权益）	行次	期末数
流动资产：			流动负债：		
货币资金	1	291 000	短期借款	68	260 000
短期投资	2		应付票据	69	59 700
应收票据	3	60 000	应付账款	70	332 500
应收账款	6	292 500	预收账款	71	
其他应收款	7		应付职工薪酬	72	
预付账款	8	145 000			
存货	10	703 500	应付股利	74	22 900
			应交税费	75	10 500
一年内到期的长期债权投资	21				
其他流动资产	24		其他应付款	81	
流动资产合计	31	1 492 000	应付利息	82	3 900
长期投资：			一年内到期的长期负债	86	
长期股权投资	32		流动负债合计	100	689 500
长期债权投资：	34		长期负债：		
固定资产：	38		长期借款	101	
固定资产原值	39	1 587 000	应付债券	102	
减：累计折旧	40	105 500	长期应付款	103	

续表

资　产	行次	期末数	负债和所有者权益 （或股东权益）	行次	期末数
固定资产净值	41	1 481 500	其他长期负债	108	
固定资产清理	43		长期负债合计	110	
在建工程	45		负债合计	114	689 500
固定资产合计	50	1 481 500	所有者权益：		
无形资产及其他资产：			实收资本	115	1 860 000
无形资产	51	310 000	资本公积	118	380 000
长期待摊费用	52		盈余公积	119	146 000
其他长期资产	53		未分配利润	121	208 000
无形资产及其他资产合计	60	310 000	所有者权益合计	122	2 594 000
资产总计	67	3 283 500	负债和所有者权益总计	135	3 283 500

三、资产负债表的编制实训

（一）实训目的

掌握资产负债表编制的方法。

（二）实训资料

城科有限责任公司的基本信息参照实训二的"建立新账实训"，记账凭证参照实训三，账簿参照实训四。

四、实训要求

（1）分析账户资料应填入的资产负债项目。

（2）填制资产负债表（见实训表单7-1），并试算平衡。

任务二　利润表的编制

一、利润表的编制方法

利润表中的"本月数"栏，反映各项目的本月实际发生数。在编报中期报表时，填列上年同期累计实际发生数；在编报年度报表时，填列上年全年累计实际发生数，并将"本月数"栏改成"上年数"栏。如果上年度利润表与本年度利润表的项目名称和内容不一致，应对上年度利润表项目的名称和数字按本年度的规定进行调整。

利润表的"本年累计数"栏，反映各项目自去年初起至报告期末止的累计实际发生数。

利润表各项目的具体填列方法如下。

(1)"主营业务收入"项目,反映企业经营主要业务所取得的收入总额。本项目应根据"主营业务收入"账户的发生额分析填列。

(2)"主营业务成本"项目,反映企业经营主要业务发生的实际成本。本项目应根据"主营业务成本"账户的发生额分析填列。

(3)"营业税金及附加"项目,反映企业经营主要业务应负担的消费税、城市维护建设税、资源税、土地增值税和教育费附加等,不包括增值税。本项目应根据"主营业务税金及附加"账户的发生额分析填列。

(4)"其他业务利润"项目,反映企业除主营业务以外取得的收入,减去所发生的相关成本、费用,以及相关税金及附加等的支出后的净额。本项目应根据"其他业务收入""其他业务支出"账户的发生额分析填列。

(5)"销售费用"项目,反映企业在销售商品和商品流通企业在购入商品等过程中发生的费用。本项目应根据"营业费用"账户的发生额分析填列。

(6)"管理费用"项目,反映企业发生的管理费用。本项目应根据"管理费用"账户的发生额分析填列。

(7)"财务费用"项目,反映企业发生的财务费用。本项目应根据"财务费用"账户的发生额分析填列。

(8)"投资收益"项目,反映企业以各种方式对外投资所取得的收益。本项目应根据"投资收益"账户的发生额分析填列,如为投资损失,以"-"号填列。

(9)"补贴收入"项目,反映企业取得的各种补贴收入及退回的增值税等。本项目应根据"补贴收入"账户的发生额分析填列。

(10)"营业外收入"项目和"营业外支出"项目,反映企业发生的与其生产经营无直接关系的各项收入和支出。这两个项目应分别根据"营业外收入"账户和"营业外支出"账户的发生额分析填列。

(11)"所得税"项目,反映企业按规定从本期损益中减去的所得税。本项目应根据"所得税费用"账户的发生额分析填列。

(12)"净利润"项目,反映企业实现的净利润。若为亏损,以"-"号填列。

二、利润表编制示例

【例7-2】某公司2017年第一季度有关损益类账户的累计发生额如表7-3所示。

表7-3 损益类账户发生额   单位:元

账户名称	借方发生额	贷方发生额
主营业务收入		230 000
主营业务成本	125 000	
营业税金及附加	15 600	
销售费用	6 000	
管理费用	11 200	

续表

账户名称	借方发生额	贷方发生额
财务费用	3 800	
营业外收入		2 500
营业外支出	900	
所得税费用	23 100	

根据上述资料，编制该公司2017年第一季度的利润表，如表7-4所示。

表7-4 利 润 表

编制单位：某公司　　　　　　　　2017年一季度　　　　　　　　单位：元

项　　目	行次	本月数	本年累计数
一、主营业务收入			230 000
减：主营业务成本			125 000
营业税金及附加			15 600
二、主营业务利润（亏损以"－"号填列）			89 400
加：其他业务利润（亏损以"－"号填列）			
减：销售费用			6 000
管理费用			11 200
财务费用			3 800
三、营业利润（亏损以"－"号填列）			68 400
加：投资收益（损失以"－"号填列）			
营业外收入			2 500
减：营业外支出			900
四、利润总额（亏损以"－"号填列）			70 000
减：所得税费用			23 100
五、净利润（亏损以"－"号填列）			46 900

三、利润表的编制实训

（一）实训目的

掌握利润表编制的方法。

（二）实训资料

城科有限责任公司的基本信息参照实训二的"建立新账实训"，记账凭证参照实训三，账簿参照实训四。

四、实训要求

1. 根据审核无误的账户资料填制利润表（见实训表单7-2）。
2. 计算营业利润、利润总额和净利润等项目。

实训考核表

实 训 项 目		实训能力成绩	出勤成绩
填制资产负债表	1. 直接根据总分类账户余额填列		
	2. 根据总账账户的期末余额计算填列		
	3. 根据明细账户余额分析计算后填列		
	4. 根据总账账户和明细账户余额分析计算填列		
填制利润表	1. 填制营业利润		
	2. 填制利润总额		
	3. 填制净利润		
成绩总和			
备注			

学生签字：　　　　　　教师签字：　　　　　　日期：

实训八 会计档案的整理和实训报告的撰写

> **实训要求**
>
> 掌握会计凭证的装订方法,以及账簿和报表的整理方法。

任务一 整理装订会计凭证

一、原始凭证粘贴

实际工作中,记账凭证所附的原始凭证种类繁多,为了便于日后的装订和保管,填制记账凭证时应对原始凭证进行必要的外形加工。

(1)过宽、过长的原始凭证,可按记账凭证的尺寸,先自右向后,再自下向后两次折叠。注意应把凭证的左上角或左侧面让出来,以便装订后还可以展开查阅。原始凭证本身不必保留的部分可以裁掉,但不得因此影响原始凭证内容的完整。

(2)过窄、过短的原始凭证,如果不便于直接装订,应进行必要的加工后再粘贴于特制的原始凭证粘贴纸上,然后再装订原始凭证粘贴纸。原始凭证粘贴纸的尺寸应与记账凭证相同,各种不能直接装订的原始凭证,如汽车票、地铁车票、市内公共汽车票、火车票、出租车票等,都应按类别整齐地粘贴于原始凭证粘贴纸之内,不得超出。粘贴时,应横向进行,从右至左,将原始凭证的左边固定在原始凭证粘贴纸上,逐张左移,后一张右边压住前一张的左边,每张附件只粘住左边的0.6~1厘米处,粘牢即可。粘好以后,捏住记账凭证的左上角向下抖几下,看是否有未粘住或未粘牢的。最后,还要在粘贴单的空白处分别写出每一类原始凭证的张数、单价与总金额。例如,某人报销差旅费,报销单后面的原始凭证粘贴单上附0.5元的市内公共汽车票20张,1元的公共汽车票12张,285

元的火车票 1 张，869 元的飞机票 1 张，则应分别在汽车票下面的空白处注明"0.5×20＝10(元)，1×12＝12(元)"，在火车票下面的空白处注明"285×1＝285(元)"，在飞机票下面的空白处注明"869×1＝869(元)"。这样，万一将来原始凭证不慎失落，也很容易查明丢的是哪一种票面的原始凭证，而且也为计算附件张数提供了方便。

（3）对于纸张尺寸略小于记账凭证的原始凭证，可以用回形针或大头针别在记账凭证后面，待装订凭证时，抽去回形针或大头针。

（4）有的原始凭证不仅面积大，而且数量多，可以单独装订，如工资单、耗料单，但在记账凭证上应注明保管地点。

（5）原始凭证附在记账凭证后的顺序应与记账凭证所记载的内容顺序一致，不应按原始凭证的尺寸大小来排序。

所有汇总装订好的会计凭证都要加具封面。会计凭证装订前，要先设计和选择会计凭证的封面。封面应用较为结实、耐磨、韧性较强的牛皮纸等，如图 8-1 所示。

记账凭证封面

单位名称	
日期	2017 年 2 月
册数	本月共 3 册　　本册是第 1 册
张数	本册自第 1 号至第 20 号　共 20 张
附记	

会计主管：　　　　　　装订人：

图 8-1　记账凭证封面示意

二、会计凭证的装订

装订就是将会计凭证装订成册，从而方便保管和使用。装订之前，首先要设计一下，确定一个月的记账凭证应该订成几册，使每册的厚薄应基本保持一致，不能把几张本属一份记账凭证附件的原始凭证拆开装订在两册之中，要做到既整齐美观又便于翻阅。

装订成册的凭证厚度一般以 1.5~2.0 厘米为宜。过薄，不利于竖立放置；过厚，不便于翻阅核查。凭证少的单位，可以将若干个月份的凭证合并订成一册，在封面注明本册所含凭证的月份。

由于原始凭证的尺寸往往大于记账凭证，需要进行多次折叠，这样一本凭证就显得中间厚，装订线的位置薄。装订时，可以将纸折成三角形，均匀地垫在装订线的位置，这样装订出来的凭证就显得整齐了。

装订前，要以会计凭证的左上侧为准，放齐，准备好铁锥、装订机或小手电钻，还有线绳、铁夹、胶水、凭证封皮、包角纸。

下面介绍使用角订法进行会计凭证的装订，如图 8-2 所示。

（1）将凭证封面和封底裁开，分别附在凭证前面和后面，再拿一张质地相同的纸(可以再找一张凭证封皮，裁下一半用，另一半为订下一本凭证备用)放在封皮上角，做护

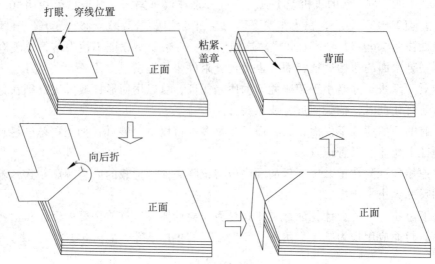

图 8-2　会计凭证角订法

角线。

（2）在凭证的左上角画一个边长为 5 厘米的等腰三角形，用夹子夹住，用装订机在底线上均匀地打两个眼儿。

（3）用大针引线绳穿过两个眼儿，如果没有针，可以将回形别针顺直，然后两端折向同一个方向，同时将线绳夹紧，即可把线引过来。

（4）将线绳在凭证的背面打结，最好把凭证两端也系上。

（5）将护角向左上侧面折，并将一侧剪开至凭证的左上角，然后抹上胶水。

（6）向上折叠，将侧面和背面的线绳扣粘死。

（7）待晾干后，在凭证册的侧脊上面写上"××××年××月第×册共×册"的字样。装订人在装订线封签处签名或者盖章。现金凭证、银行凭证和转账凭证最好依次顺序编号，一个月从头编一次序号，如果凭证少，可以全年顺序编号。

可以购买凭证盒，将装订好的凭证装入盒中码放保管，显得整齐。

三、会计凭证的保管

保证会计凭证的安全与完整是全体财务人员的共同职责，在立卷存档之前，会计凭证的保管由财务部门负责。保管过程中应注意以下问题。

（1）会计凭证应及时传递，不得积压。记账凭证在装订成册之前，原始凭证一般是用回形针或大头针固定在记账凭证后面，在这段时间内，凡使用记账凭证的财务人员都有责任保管好原始凭证和记账凭证。使用完后要及时传递，并且要严防在传递过程中散失。

（2）凭证在装订以后存档以前，要妥善保管，防止受损、弄脏、霉烂及鼠咬虫蛀等。

（3）对于性质相同、数量过多或各种随时需要查阅的原始凭证，如收料单、发料单、工资单等，可以单独装订保管，在封面上注明记账凭证种类、日期、编号，同时在记账凭证上注明"附件另订"和原始凭证的名称及编号。

（4）各种经济合同和涉外文件等凭证，应另编目录，单独装订保存，同时在记账凭证上注明"附件另订"。

（5）原始凭证不得外借，其他单位和个人经本单位领导批准调阅会计凭证，要填写"会计档案调阅表"，详细填写借阅会计凭证的名称、调阅日期、调阅人姓名和工作单位、调阅理由、归还日期、调阅批准人等。调阅人员一般不得将会计凭证携带外出。需复制的，要说明所复制的会计凭证名称、张数，经本单位领导同意后在财务人员监督下进行，并登记签字。

（6）每年装订成册的会计凭证，在年度终了时可暂由单位会计机构保管一年，期满后应当移交本单位档案机构统一保管；未设立档案机构的，应当在会计机构内部指定专人保管。出纳人员不得兼管会计档案。

（7）严格遵守会计凭证的保管期限要求，期满前不得任意销毁。

四、装订会计凭证实训

（一）实训目的

掌握凭证的装订方法。

（二）实训资料

城科有限责任公司的基本信息参照实训二的"建立新账实训"，记账凭证参照实训三，账簿参照实训四。

五、实训要求

（1）整理、装订会计凭证。（记账凭证封面学生自己准备）

（2）整理报表。

任务二　撰写实训报告

一、实训报告的内容

会计基础工作包括账簿建立和月初余额的填制、原始凭证、记账凭证的审核和填制，各种账簿的登记、对账、结账、编制报表等。完成上述实训后，对实训的过程进行总结，整理实训经验，形成实训报告。实训报告的内容包括：①统计实训项目的完成业务量和时间；②统计实训项目的考核情况；③按会计工作过程说明实训任务完成情况；④分析实训的经验和存在的问题；⑤实训的体会或收获；⑥对实训的建议。

二、撰写实训报告实训

（一）实训目的

能够梳理实训成果，分析实训中出现的问题，并分享实训经验。

（二）实训资料

实训一~实训七的相关原始凭证、记账凭证及各种账簿、报表。

三、实训要求

（1）描述实训的真实情况，严禁抄袭。

（2）实训报告的正文字数不少于1 000字。

实训考核表

实训项目		实训能力成绩	出勤成绩
整理、装订会计档案	1. 会计凭证的整理与装订规范、整齐		
	2. 会计凭证封面填制正确、封底清楚		
	3. 报表封面填制正确		
撰写实训报告	1. 内容真实		
	2. 字数符合要求		
	3. 报告建议合理		
成绩总和			

备注

学生签字：　　　　　　　　教师签字：　　　　　　　　日期：

实训九 基础会计综合实训

实训要求

掌握工业企业主要经营过程的核算和财务会计报告的编制。

一、实训目标

(1) 能够系统地处理会计循环的经济业务。
(2) 熟练掌握会计核算的基本技能。
(3) 能够正确运用会计核算的基本方法。
(4) 能够迅速进入岗位角色,并培养会计职业意识。

二、实训步骤

(1) 建账:新建总分类账、部分明细分类账、现金和银行存款日记账,并登记各账户期初余额。
(2) 审核和填制会计凭证:填制和审核原始凭证,填制各项经济业务的记账凭证。
(3) 登记日记账:根据审核无误的记账凭证逐日、逐笔登记现金日记账和银行存款日记账。
(4) 登记明细分类账:根据记账凭证和原始凭证登记部分明细账。
(5) 编制科目汇总表:根据记账凭证按旬编制科目汇总表。
(6) 登记总分类账:根据科目汇总表的数据登记总分类账。
(7) 对账,并编制总分类账试算平衡表。
(8) 结账,包括总分类账和明细分类账。
(9) 编制 2017 年度 12 月资产负债表和利润表。

三、实训要求

(1) 填制收款凭证、付款凭证、转账凭证。

(2) 账务处理程序采用科目汇总表账务处理程序。
(3) 物资采购运杂费用按材料重量分配，月底制造费用按工人工资比例进行分配。
(4) 采用实际成本计价法。
(5) 不考虑纳税调整因素。
(6) 凭证、账簿、报表的填制和登记要规范、整洁。

四、实训说明

本综合实训共需收款凭证6张；付款凭证13张；转账凭证23张；总账19张；日记账页2张；明细账约30张（其中，三栏式22张，数量金额账3张，多栏式5张）；科目汇总表3张；资产负债表1张；利润表1张（记账凭证、封面及账页学生自己准备，其余表单见第二部分手工实训用纸，以上数量仅供参考，也可根据实训具体条件另行确定）。

各业务中未给出具体资料可由指导老师指定。

五、经济业务资料

（一）企业基本信息

(1) 企业名称：重庆杰斯有限责任公司。
(2) 地址和联系电话：重庆市永川区胜利路68号，023-68888888。
(3) 开户行：中国工商银行永川支行胜利路分理处。
(4) 账号：097415222608。
(5) 企业纳税人登记号：0238546923746854（增值税一般纳税人）。
(6) 企业的生产经营组织：制造企业，主要生产销售A、B两种产品。
(7) 财务部岗位设置(4人)：
财务主管：负责财务部门全面工作。
会计1：负责编制计账凭证等工作。
会计2：负责审核凭证、登记账簿及编制报表等工作。
出纳：负责出纳工作。

（二）重庆杰斯有限责任公司2017年12月期初有关账户余额（见表9-1）

表9-1 重庆杰斯有限责任公司2017年12月期初有关账户余额　　　单位：元

总账科目	明细科目	期初余额	
		借方	贷方
库存现金		3 000	
银行存款	工行胜利路分理处	995 000	
交易性金融资产	科华公司股票	60 000	
应收账款		103 500	
	广厦公司	100 000	
	客户李杰	3 500	
其他应收款	业务员王安	2 000	

续表

总账科目	明细科目	期初余额	
		借方	贷方
坏账准备			5 000
原材料		310 000	
	甲材料（单价5元 35 000千克）	175 000	
	乙材料（单价7元 15 000千克）	105 000	
	丙材料（单价2元 15 000千克）	30 000	
库存商品		369 000	
	A产品（单价180元 900件）	162 000	
	B产品（单价138元 1 500件）	207 000	
预付账款		1 100	
	房屋租金	1 000	
	报纸杂志费	100	
固定资产		3 840 000	
累计折旧			160 000
应付账款			22 000
	华天公司		6 000
	南德公司		16 000
应付职工薪酬	福利费		95 000
应交税费			60 000
应付利息			1 000
短期借款			40 000
实收资本			3 000 000
	张水德		500 000
	祥旺股份有限公司		2 500 000
资本公积			190 600
盈余公积			50 000
本年利润			680 000
利润分配	未分配利润		1 380 000
总账合计		5 683 600	5 683 600

（三）2017年12月发生的主要经济业务

业务1：12月1日，出纳开出银行支票，归还前欠南德公司货款16 000元（转账支票实训表单9-1)。

业务2：12月1日，生产车间领用甲材料11 500千克，其中，A产品耗用4 000千克，B产品耗用6 000千克，车间修理耗用1 500千克。生产车间领用乙材料10 000千克，全部用于B产品生产(领料单见实训表单9-2-1和实训表单9-2-2)。

业务3：12月4日，收到光华股份有限公司的设备投资，该设备原始价值90 000元，已提折旧20 000元，双方评估价值为60 000元(投资协议书见实训表单9-3-1、固定资产移交使用验收单见实训表单9-3-2)。

业务4：12月5日，向成都市中原贸易公司购进甲材料35 000千克，单价4.98元；购进乙材料20 000千克，单价6.98元；丙材料20 000千克，单价1.98元，增值税共计60 095元，以上货税合计款全部用银行存款支付，另外用现金支付运杂费1 200元，材料验收入库，结转其实际采购成本(材料运费按购进材料重量分配)(运输发票见实训表单9-4-1、增值税专用发票见实训表单9-4-2、运杂费分配表见实训表单9-4-3、转账支票见实训表单9-4-4)。

业务5：12月5日，开出银行支票60 000元，缴纳税金，收款单位为重庆市国家税务局(转账支票见实训表单9-5)。

业务6：12月6日，收到重庆广厦股份有限公司还来前欠货款100 000元，收到转账支票一张，出纳当日将支票送存银行(转账支票见实训表单9-6-1、银行进账单见实训表单9-6-2)。

业务7：12月8日，向欣欣贸易公司购入面值为2 000元的一年期债券35张，手续费1 200元，用银行存款支付(转账支票见实训表单9-7)。

业务8：12月9日，生产车间领用甲材料30 000千克，其中生产A产品耗用15 000千克，生产B产品耗用13 000千克，车间一般耗用2 000千克。生产车间领用丙材料17 000千克，其中，生产A产品耗用8 000千克，生产B产品耗用7 000千克，车间一般耗用2 000千克。管理部门领用丙材料1 000千克(领料单见实训表单9-8-1~实训表单9-8-3)。

业务9：12月9日，销售给广华股份有限公司A产品400件，单价280元，共计112 000元，应交销项税19 040元，收到对方银行汇票一张(出库单见实训表单9-9-1、增值税专用发票见实训表单9-9-2、银行汇票见实训表单9-9-3)。

业务10：12月9日，以现金1 000元支付A产品的运杂费(运输发票见实训表单9-10)。

业务11：12月9日，销售给蓝天贸易公司B产品1 500件，单价200元，计300 000元，产品销项税51 000元，款已收到，存入银行(增值税专用发票见实训表单9-11-1、出库单见实训表单9-11-2、进账单见实训表单9-11-3)。

业务12：12月10日，出纳员开出现金支票，从银行提取现金130 000元备发职工工资。出纳当日发放本月职工工资(现金支票见实训表单9-12、工资汇总表略)。

业务13：12月12日，通过银行电汇方式偿还前欠华天公司货款6 000元(电汇凭证回单见实训表单9-13)。

业务14：12月12日，向重庆市旺富贸易公司购进丙材料10 000千克，单价1.95元，增值税3 315元，款项通过银行电汇支付(电汇凭证回单见实训表单9-14-1、增值税专用发票见实训表单9-14-2)。

业务 15：12 月 18 日，签发银行现金支票一张 4 000 元，提取现金，以备零用（现金支票见实训表单 9-15）。

业务 16：12 月 18 日，销售给重庆广厦股份有限公司 A 产品 500 件，单价 280 元，计 140 000 元，增值税 23 800 元，款收到，存入银行（增值税专用发票见实训表单 9-16-1、进账单见实训表单 9-16-2、现金支票见实训表单 9-16-3、出库单见实训表单 9-16-4）。

业务 17：12 月 18 日，12 日所购丙材料 10 000 千克验收入库，结转其实际采购成本（收料单见实训表单 9-17）。

业务 18：12 月 20 日，总经理办公室张江预借差旅费 2 500 元，以现金付讫（借款单见实训表单 9-18）。

业务 19：12 月 20 日，出售给金椰贸易公司丙材料 20 000 千克，每千克售价 3 元，计 60 000 元，应交增值税 10 200 元，对方用电汇方式付账，收到工商银行永川支行胜利路分理处到账通知（增值税专用发票见实训表单 9-19-1、出库单见实训表单 9-19-2、进账单见实训表单 9-19-3）。

业务 20：12 月 20 日，结转上述丙材料的实际成本（原材料成本计算表见实训表单 9-20）。

业务 21：12 月 20 日，摊销当月报纸杂志费 100 元（预付账款分摊计算表见实训表单 9-21）。

业务 22：12 月 20 日，用银行支票预付下一年度报纸杂志费 1 200 元，收款单位为重庆市邮政局（转账支票见实训表单 9-22-1、报刊发行发票见实训表单 9-22-2）。

业务 23：12 月 20 日，向希望小学捐款 8 000 元，款项通过银行电汇支付（电汇凭证回单见实训表单 9-23）。

业务 24：12 月 21 日，确认客户李杰的坏账损失为 3 500 元（处理无法收回的坏账损失的通知见实训表单 9-24）。

业务 25：12 月 26 日，总经理办公室张江出差归来报销差旅费 2 800 元，补付现金 300 元（差旅费报销单见实训表单 9-25）。

业务 26：12 月 31 日，结算本月工资，其中，生产 A 产品的工人工资 40 000 元，生产 B 产品的工人工资 60 000 元，车间管理人员工资 15 000 元，企业管理人员工资 15 000 元（工资汇总分配表见实训表单 9-26）。

业务 27：12 月 31 日，按工资总额的 14% 计提职工福利费（职工福利费计提表见实训表单 9-27）。

业务 28：12 月 31 日，计提本月固定资产折旧费，其中，生产车间固定资产应提 2 000 元，企业行政管理部门固定资产应提 1 200 元（固定资产折旧计算表见实训表单 9-28）。

业务 29：12 月 31 日，摊销本月应由企业管理部门负担的房屋租金费用 1 000 元（房屋租金摊销分配表见实训表单 9-29）。

业务 30：12 月 31 日，结转本月发生制造费用（按工人工资比例分配）（制造费用分配表见实训表单 9-30）。

业务 31：12 月 31 日，本月投入生产的 A 产品 1 000 件，B 产品 2 000 件，已全部完工，结转入库（入库单见实训表单 9-31）。

业务 32：12 月 31 日，结转已销 A 产品 900 件，B 产品 1 500 件的实际生产成本，A

产品180.18元，B产品138.88元(产品生产成本计算表见实训表单9-32)。

业务33：12月31日，收到南海公司交来违约金1 200元(收款收据见实训表单9-33)。

业务34：12月31日，结转损益类账户，计算本月实现的利润总额。

业务35：12月31日，按本月利润总额25%税率计算应交所得税。

业务36：12月31日，将所得税账户余额转入本年利润账户。

业务37：12月31日，将本年净利润转入利润分配。

业务38：12月31日，按税后利润10%提取法定盈余公积，按5%提取任意盈余公积。

业务39：12月31日，按税后利润30%计算支付给投资者分配利润，尚未支付。

业务40：12月31日，将利润分配各明细账户余额，转入"利润分配——未分配利润"明细账户。

手工实训用纸

实训一 会计基础操作规范

实训表单 1-1

阿拉伯数字金额的书写

￥6 835.47	￥8 306.92	￥35 284.90	￥58 219.09	￥69 218.00	￥923 637.94

实训表单 1-2

大写数字转换为阿拉伯数字

大 写 数 字	阿拉伯数字
人民币玖仟叁佰元零五角整	
人民币叁仟万零贰拾元整	
人民币陆佰万元零柒分	

实训表单 1-3

大写数字的书写

零	壹	贰	叁	肆	伍	陆	柒	捌	玖
拾	佰	仟	万	亿	元	角	分	整	

实训表单 1-4

阿拉伯数字转换为大写数字

阿拉伯数字	大写数字
￥3 000 070.10	
￥60 104.09	
￥287 463.49	

实训表单 1-5

摘要的书写

经济业务	摘要
给张仁等十二人发放生活困难补助共计1 200元	
开出转账支票一张,支付立达公司的材料款9 000元(支票号:02191451)	
赵红出差回来,报销差旅费1 850元,退回现金150元	

实训二
会计账簿的建立

实训表单 2-1

总分类账期初余额

单位：元

账 户 名 称	借 方 余 额	贷 方 余 额
库存现金	5 000.00	
银行存款	1 000 000.00	
应收账款	800 000.00	
预付账款	200 000.00	
其他应收款	5 000.00	
原材料	900 000.00	
库存商品	700 000.00	
固定资产	259 750.00	
累计折旧		155 850.00
短期借款		200 000.00
应付账款		150 000.00
预收账款		40 000.00
应付职工薪酬		88 920.00
应交税费		50 000.00
实收资本		2 400 000.00
资本公积		200 000.00
盈余公积		400 000.00
利润分配		184 980.00
合 计	3 869 750	3 869 750

实训表单 2-2

债权债务明细账期初余额

单位：元

总账账户	明细账户	期初借方余额	期初贷方余额
应收账款	宏大公司	56 000.00	
	金福公司	353 300.00	
	红江公司	390 700.00	
应付账款	理文公司		70 000.00
	跃进公司		80 000.00

实训表单 2-3

原材料明细账期初余额

材料名称	计量单位	数量	单位成本/元	金额/元
工字钢	吨	3 000	20	60 000.00
圆钢	吨	12 000	50	600 000.00
线材	米	8 000	30	240 000.00
合计				900 000.00

实训表单 2-4

库存商品明细账期初余额

库存商品名称	计量单位	数量	单位成本/元	金额/元
甲产品	吨	400	1000	400 000.00
乙产品	吨	200	1500	300 000.00
合计				700 000.00

实训表单 2-5

账簿启用及交接表

机构名称						
账簿名称		（第　　册）			印 鉴	
账簿编号						
账簿页数	本账簿共计　　页	本账簿页数（检点人盖章）				
启用日期	公元　　年　　月　　日					
经管人员	负责人		主办会计		复核	
	姓名	盖章	姓名	盖章	姓名	盖章
接交记录	职别		姓名		接管	记账
					年 月 日 盖章	
					交出	
					年 月 日 盖章	
备注						

实训表单 2-6

账簿启用及交接表

机构名称						印 鉴	
账簿名称			（第 册）				
账簿编号							
账簿页数		本账簿共 页 （本账簿页数检点人盖章）					
启用日期	公元 年 月 日						
	负责人	盖章	主办会计	盖章	复核		盖章
	姓名		姓名		姓名		
经管人员	职别		姓名		接管		盖章
					年	月 日	
					记账		盖章
					姓名		
接交记录					交出		盖章
					年	月 日	
备注							

实训表单 2-7

账簿启用及交接表

机构名称						
账簿名称		（第　　册）			印鉴	
账簿编号						
账簿页数	本账簿共计　　　页（本账簿页数检点人盖章）					
启用日期	公元　　年　　月　　日					
经管人员	负责人	姓名	盖章	主办会计	姓名	盖章
	经管人员	姓名		职别		
接交记录	复核	姓名	盖章	记账	姓名	盖章
	接管	年	月	日		
	交出	年	月	日		
备注						

实训表单 2-8

账簿启用及交接表

机构名称						印 鉴	
账簿名称				（第 册）			
账簿编号							
账簿页数		本账簿共 页		（本账簿页数检点人盖章）			
启用日期	公元 年 月 日						
经管人员	负责人	姓名		盖章			
	主办会计	姓名		盖章			
	经管人员	姓名		盖章			
	复核	姓名		盖章		记账	姓名	盖章
接交记录	职别	姓名	接管 年 月 日			交出 年 月 日	
备注							

实训表单 2-9

账簿目录表

账户名称	账号	总页码	账户名称	账号	总页码	账户名称	账号	总页码

实训表单 2-10

账簿目录表

账户名称	账号	总页码	账户名称	账号	总页码	账户名称	账号	总页码

印花税票及城科有限责任公司财务专用章

实训表单 2-11

库存现金日记账

第　　页

年		凭证字号	摘要	对方科目	√	收入（借方）金额										付出（贷方）金额										结余金额									
月	日					千	百	十	万	千	百	十	元	角	分	千	百	十	万	千	百	十	元	角	分	千	百	十	万	千	百	十	元	角	分

实训表单 2-12

库存现金日记账

第　　页

年		凭证字号	摘要	对方科目	√	收入（借方）金额 千百十万千百十元角分	付出（贷方）金额 千百十万千百十元角分	结余金额 千百十万千百十元角分
月	日							

实训表单 2-13

银行存款日记账

第　　页

年		凭证字号	支票号码	摘要	对方科目	√	收入（借方）金额 亿千百十万千百十元角分	付出（贷方）金额 亿千百十万千百十元角分	结余金额 亿千百十万千百十元角分
月	日								

实训表单 2-14

银行存款日记账

第　　页

年		凭证字号	支票号码	摘要	对方科目	√	收入（借方）金额 亿千百十万千百十元角分	付出（贷方）金额 亿千百十万千百十元角分	结余金额 亿千百十万千百十元角分
月	日								

实训表单 2-15

总账

第　页

年		凭证		摘要	对方科目	日页	借方金额 亿千百十万千百十元角分	贷方金额 亿千百十万千百十元角分	借或贷	余额 亿千百十万千百十元角分
月	日	种类	号数							

实训表单 2-16

总账

第　页

年		凭证		摘要	对方科目	日页	借方金额 亿千百十万千百十元角分	贷方金额 亿千百十万千百十元角分	借或贷	余额 亿千百十万千百十元角分
月	日	种类	号数							

实训表单 2-17

总账 _____ 第 ___ 页

年		凭证		摘要	对方科目	借方金额										贷方金额										借或贷	余额									
月	日	种类	号数			亿	千	百	十	万	千	百	十	元	角	分	亿	千	百	十	万	千	百	十	元	角	分		亿	千	百	十	万	千	百	十	元	角	分

实训表单 2-18

总账 _____ 第 ___ 页

年		凭证		摘要	对方科目	借方金额										贷方金额										借或贷	余额									
月	日	种类	号数			亿	千	百	十	万	千	百	十	元	角	分	亿	千	百	十	万	千	百	十	元	角	分		亿	千	百	十	万	千	百	十	元	角	分

实训表单 2-19

总账 _____ 第 页

年		凭证		摘要	对方科目	日页	借方金额											贷方金额											借或贷	余额										
月	日	种类	号数				亿	千	百	十	万	千	百	十	元	角	分	亿	千	百	十	万	千	百	十	元	角	分		亿	千	百	十	万	千	百	十	元	角	分

实训表单 2-20

总账 _____ 第 页

年		凭证		摘要	对方科目	日页	借方金额											贷方金额											借或贷	余额										
月	日	种类	号数				亿	千	百	十	万	千	百	十	元	角	分	亿	千	百	十	万	千	百	十	元	角	分		亿	千	百	十	万	千	百	十	元	角	分

实训表单 2-21

总账 第 页

年		凭证		摘要	对方科目	日页	借方金额											贷方金额											借或贷	余额										
月	日	种类	号数				亿	千	百	十	万	千	百	十	元	角	分	亿	千	百	十	万	千	百	十	元	角	分		亿	千	百	十	万	千	百	十	元	角	分

实训表单 2-22

总账 第 页

年		凭证		摘要	对方科目	日页	借方金额											贷方金额											借或贷	余额										
月	日	种类	号数				亿	千	百	十	万	千	百	十	元	角	分	亿	千	百	十	万	千	百	十	元	角	分		亿	千	百	十	万	千	百	十	元	角	分

实训表单 2-23

总账 _____ 第 页

年		凭证		摘要	对方科目	日页	借方金额 亿千百十万千百十元角分	贷方金额 亿千百十万千百十元角分	借或贷	余额 亿千百十万千百十元角分
月	日	种类	号数							

实训表单 2-24

总账 _____ 第 页

年		凭证		摘要	对方科目	日页	借方金额 亿千百十万千百十元角分	贷方金额 亿千百十万千百十元角分	借或贷	余额 亿千百十万千百十元角分
月	日	种类	号数							

实训表单 2-25

总账

第　页

年		凭证		摘要	对方科目	日页	借方金额											贷方金额											借或贷	余额										
月	日	种类	号数				亿	千	百	十	万	千	百	十	元	角	分	亿	千	百	十	万	千	百	十	元	角	分		亿	千	百	十	万	千	百	十	元	角	分

实训表单 2-26

总账

第　页

年		凭证		摘要	对方科目	日页	借方金额											贷方金额											借或贷	余额										
月	日	种类	号数				亿	千	百	十	万	千	百	十	元	角	分	亿	千	百	十	万	千	百	十	元	角	分		亿	千	百	十	万	千	百	十	元	角	分

实训表单 2-27

总账

第　页

年		凭证		摘要	对方科目	日页	借方金额 亿千百十万千百十元角分											贷方金额 亿千百十万千百十元角分											借或贷	余额 亿千百十万千百十元角分										
月	日	种类	号数																																						

实训表单 2-28

总账

第　页

年		凭证		摘要	对方科目	日页	借方金额 亿千百十万千百十元角分											贷方金额 亿千百十万千百十元角分											借或贷	余额 亿千百十万千百十元角分										
月	日	种类	号数																																						

实训表单 2-29

总账 第　页

年		凭证		摘要	对方科目	日页	借方金额											贷方金额											借或贷	余额										
月	日	种类	号数				亿	千	百	十	万	千	百	十	元	角	分	亿	千	百	十	万	千	百	十	元	角	分		亿	千	百	十	万	千	百	十	元	角	分

实训表单 2-30

总账 第　页

年		凭证		摘要	对方科目	日页	借方金额											贷方金额											借或贷	余额										
月	日	种类	号数				亿	千	百	十	万	千	百	十	元	角	分	亿	千	百	十	万	千	百	十	元	角	分		亿	千	百	十	万	千	百	十	元	角	分

实训表单 2-31

总账 第 页

年		凭证		摘要	对方科目	日页	借方金额											贷方金额											借或贷	余额										
月	日	种类	号数				亿	千	百	十	万	千	百	十	元	角	分	亿	千	百	十	万	千	百	十	元	角	分		亿	千	百	十	万	千	百	十	元	角	分

实训表单 2-32

总账 第 页

年		凭证		摘要	对方科目	日页	借方金额											贷方金额											借或贷	余额										
月	日	种类	号数				亿	千	百	十	万	千	百	十	元	角	分	亿	千	百	十	万	千	百	十	元	角	分		亿	千	百	十	万	千	百	十	元	角	分

实训表单 2-33

总账

第　页

年		凭证		摘要	对方科目	日页	借方金额											贷方金额											借或贷	余额										
月	日	种类	号数				亿	千	百	十	万	千	百	十	元	角	分	亿	千	百	十	万	千	百	十	元	角	分		亿	千	百	十	万	千	百	十	元	角	分

实训表单 2-34

总账

第　页

年		凭证		摘要	对方科目	日页	借方金额											贷方金额											借或贷	余额										
月	日	种类	号数				亿	千	百	十	万	千	百	十	元	角	分	亿	千	百	十	万	千	百	十	元	角	分		亿	千	百	十	万	千	百	十	元	角	分

实训表单 2-35

总账 _____ 第 页

年		凭证		摘要	对方科目	日页	借方金额										贷方金额										借或贷	余额									
月	日	种类	号数				亿	千	百	十	万	千	百	十	元	角	分	亿	千	百	十	万	千	百	十	元	角	分		亿	千	百	十	万	千	百	十	元	角	分

实训表单 2-36

总账 _____ 第 页

年		凭证		摘要	对方科目	日页	借方金额										贷方金额										借或贷	余额									
月	日	种类	号数				亿	千	百	十	万	千	百	十	元	角	分	亿	千	百	十	万	千	百	十	元	角	分		亿	千	百	十	万	千	百	十	元	角	分

实训表单 2-37

二级科目编号及名称 _____

明细账

总第___页

第___页

年		凭证		摘要	对方科目	日页	借方金额										√	贷方金额										√	借或贷	余额										√
月	日	种类	号数				亿	千	百	十	万	千	百	十	元	角	分		亿	千	百	十	万	千	百	十	元	角	分			亿	千	百	十	万	千	百	十	元	角	分	

实训表单 2-38

二级科目编号及名称 _____

明细账

总第___页

第___页

年		凭证		摘要	对方科目	日页	借方金额										√	贷方金额										√	借或贷	余额										√
月	日	种类	号数				亿	千	百	十	万	千	百	十	元	角	分		亿	千	百	十	万	千	百	十	元	角	分			亿	千	百	十	万	千	百	十	元	角	分	

实训表单 2-39

二级科目编号及名称 _____

明细账

总第_____页

年		凭证		摘要	对方科目	日页	借方金额 亿千百十万千百十元角分	√	贷方金额 亿千百十万千百十元角分	√	借或贷	余额 亿千百十万千百十元角分	√
月	日	种类	号数										

实训表单 2-40

二级科目编号及名称 _____

明细账

总第_____页

年		凭证		摘要	对方科目	日页	借方金额 亿千百十万千百十元角分	√	贷方金额 亿千百十万千百十元角分	√	借或贷	余额 亿千百十万千百十元角分	√
月	日	种类	号数										

实训表单 2-41

明细账

二级科目编号及名称_____ 总第____页 第____页

年		凭证		对方科目	摘要	日页	借方金额 亿千百十万千百十元角分	√	贷方金额 亿千百十万千百十元角分	借或贷	√	余额 亿千百十万千百十元角分	√
月	日	种类	号数										

实训表单 2-42

明细账

二级科目编号及名称_____ 总第____页 第____页

年		凭证		对方科目	摘要	日页	借方金额 亿千百十万千百十元角分	√	贷方金额 亿千百十万千百十元角分	借或贷	√	余额 亿千百十万千百十元角分	√
月	日	种类	号数										

实训表单 2-43

二级科目编号及名称 _____   明细账   总第 _____ 页 第 _____ 页

年		凭证		摘要	对方科目	日页	借方金额 亿千百十万千百十元角分	√	贷方金额 亿千百十万千百十元角分	借或贷	余额 亿千百十万千百十元角分	√
月	日	种类	号数									

实训表单 2-44

二级科目编号及名称 _____   明细账   总第 _____ 页 第 _____ 页

年		凭证		摘要	对方科目	日页	借方金额 亿千百十万千百十元角分	√	贷方金额 亿千百十万千百十元角分	借或贷	余额 亿千百十万千百十元角分	√
月	日	种类	号数									

实训表单 2-45

明细账

二级科目编号及名称 _____   总第 ___ 页   分第 ___ 页

年		凭证	摘要	借方									( ) 方金额分析				
月	日	字号		百	十	万	千	百	十	元	角	分	办公费	物料费	工薪费用	折旧费	水电费

实训表单 2-46

明细账

总第___页 分第___页

二级科目编号及名称___

年		凭证字号	摘要	借方								办公费	物料费	( )方金额分析 工薪费用	折旧费	水电费
月	日			百	十	万	千	百	十	元	角	分					

实训表单 2-47

明细账

二级科目编号及名称_____ 总第____页 分第____页

年		凭证字号	摘要	借方								方			( )方金额分析				
														办公费	物料费	工薪费用	折旧费	水电费	
月	日			百	十	万	千	百	十	元	角	分							

实训表单 2-48

明细账

二级科目编号及名称 _____ 总第 ____ 页 分第 ____ 页

年		凭证字号	摘要	借方									( )方金额分析				
				百	十	万	千	百	十	元	角	分	办公费	物料费	工薪费用	折旧费	水电费
月	日																

实训表单 2-49

明细账

总第 ___ 页 分第 ___ 页

二级科目编号及名称 ___

年		凭证字号	摘要	借方									( )方金额分析				
月	日			百	十	万	千	百	十	元	角	分	办公费	物料费	工薪费用	折旧费	水电费

实训表单 2-50

明细分类账

投产日期 _____ 计划工时 _____ 总页次 _____ 分页次 _____
完工日期 _____ 实际工时 _____ 生产车间 _____
完成产量 _____ 数量 _____ 产品名称 _____
　　　　　　　　　　　　　　　　　产品规格 _____

年		凭证字号	摘要	借方发生额											成本项目																															
															直接材料											直接工资											制造费用									
月	日			千	百	十	万	千	百	十	元	角	分		千	百	十	万	千	百	十	元	角	分		千	百	十	万	千	百	十	元	角	分		千	百	十	万	千	百	十	元	角	分

实训表单 2-51

明细分类账

投产日期 _____ 计划工时 _____ 总页次 _____ 分页次 _____
完工日期 _____ 实际工时 _____ 生产车间 _____
完成产量 _____ 数量 _____ 产品名称 _____
产品规格 _____

年		凭证字号	摘要	借方发生额										成本项目																												
														直接材料										直接工资										制造费用									
月	日			千	百	十	万	千	百	十	元	角	分	千	百	十	万	千	百	十	元	角	分	千	百	十	万	千	百	十	元	角	分	千	百	十	万	千	百	十	元	角	分

实训表单 2-52

明细账

存储地点_____ 最高存量_____ 最低存量_____ 计量单位_____ 总页____ 分页____
货名_____

年		凭证		摘要	收入（借方）			发出（贷方）			结存		
月	日	种类	号数		数量	单价	金额 千百十万千百十元角分	数量	单价	金额 千百十万千百十元角分	数量	单价	金额 千百十万千百十元角分

147

实训表单 2-53

明细账

存储地点 _____ 最高存量 _____ 最低存量 _____ 计量单位 _____ 总页 _____ 分页 _____

货名 _____

年		凭证		摘要	收入（借方）			发出（贷方）			结存		
月	日	种类	号数		数量	单价	金额 千百十万千百十元角分	数量	单价	金额 千百十万千百十元角分	数量	单价	金额 千百十万千百十元角分

实训表单 2-54

明细账

存储地点 _____ 最高存量 _____ 最低存量 _____ 计量单位 _____ 货名 _____ 总页 _____ 分页 _____

年		凭证		摘要	收入（借方）			发出（贷方）			结存		
月	日	种类	号数		数量	单价	金额 千百十万千百十元角分	数量	单价	金额 千百十万千百十元角分	数量	单价	金额 千百十万千百十元角分

实训表单 2-55

明细账

存储地点 _____ 最高存量 _____ 最低存量 _____ 计量单位 _____ 总页 ____ 分页 ____ 货名 _____

年		凭证		摘要	收入（借方）				发出（贷方）				结存		
月	日	种类	号数		数量	单价	金额 千百十万千百十元角分		数量	单价	金额 千百十万千百十元角分		数量	单价	金额 千百十万千百十元角分

实训表单 2-56

明细账

存储地点：_____ 最高存量：_____ 最低存量：_____ 计量单位：_____ 货名：_____ 总页：_____ 分页：_____

年		凭证		摘要	收入（借方）			发出（贷方）			结存		
月	日	种类	号数		数量	单价	金额（千百十万千百十元角分）	数量	单价	金额（千百十万千百十元角分）	数量	单价	金额（千百十万千百十元角分）

实训表单 2-57

明细账

存储地点 _____ 最高存量 _____ 最低存量 _____ 计量单位 _____ 货名 _____ 总页 _____ 分页 _____

年		凭证		摘要	收入（借方）			发出（贷方）			结存		
月	日	种类	号数		数量	单价	金额 千百十万千百十元角分	数量	单价	金额 千百十万千百十元角分	数量	单价	金额 千百十万千百十元角分

实训表单 2-58

明 细 账

存储地点 _____ 最高存量 _____ 最低存量 _____ 计量单位 _____ 总页 _____ 分页 _____
货名 _____

年		凭证		摘要	收入（借方）			发出（贷方）			结存		
月	日	种类	号数		数量	单价	金额 千百十万千百十元角分	数量	单价	金额 千百十万千百十元角分	数量	单价	金额 千百十万千百十元角分

实训三
会计凭证的填制和审核

实训表单 3-1

中国工商银行 现金支票存根 IV10200144	中国工商银行　现金支票　IV10200144		
附加信息 _____ _____	出票日期（大写）：　　　　　付款行名称： 收款人：　　　　　　　　　出票人账号：		
出票日期　年　月	本支票付款期限十天	人民币 （大写）	千百十万千百十元角分
收款人：		用途	
金　额：		上列款项请从 我账户内支付	（印章：王）
用　途：			
单位主管　会计	出票人签章　　　　　复核　　　　　记账		

（盖章：财务专用章）

实训表单 3-2

借　款　单

年　月　日

借款人		部门		职务	
借款事由					
借款金额	人民币(大写)		¥		
出纳			经手		

（盖章：现金付讫）

实训表单 3-3-1

材料入库单（记账联）

No.433221

供货单位：
发票号码：　　　　　　　　　　年　月　日　　　　　　　　收货仓库：

材料类别	材料名称	材料规格	计量单位	数　量		单价	金额
				应收	实收		

采购：　　　　　　　质量检验：　　　　　　　收料：　　　　　　　制单：

实训表单 3-3-2

中国工商银行 现金支票存根 IV10200121	中国工商银行　转账支票　　　　　IV10200121
附加信息 ――――――――― ――――――――― 出票日期　年　月　日 收款人： 金　额： 用　途： 单位主管　　会计	出票日期（大写）　　　　　　　付款行名称： 收款人：　　　　　　　　　　出票人账号： 人民币　　　　　　千百十万千百十元角分 （大写） 用途　上列款项请从我账户内支付 出票人签章　　　复核　　　　　　记账

实训表单 3-4-1

重庆市增值税专用发票

记 账 联

开票日期：年 月 日

购货单位	名　　称：					密码区	略		
	纳税人识别号：								
	地址、电话：								
	开户行及账号：								
货物或应税劳务名称	规格型号	单位	数量	单价		金额	税率	税额	
合　　计									
价税合计（大写）					（小写）				
销货单位	名　　称：					备注			
	纳税人识别号：								
	地址、电话：								
	开户行及账号：								

收款人：　　　　　复核：　　　　　开票人：　　　　　销货单位：（章）

第三联：记账联　销货方记账凭证

实训表单 3-4-2

中国工商银行进账单（受理回单）

年 月 日　　　　　　　　　　　　　　第　　号

付款人	全　称		收款人	全　称	
	账　号			账　号	
	开户银行			开户银行	
人民币（大写）			亿 千 百 十 万 千 百 十 元 角 分		
票据种类					
票据张数					
单位主管　　会计　　复核　　记账			收款人开户行盖章		

（盖章：中国工商银行 胜利路支行 2018.01.10 转）

此联是收款人开户银行交给收款人的回单或收账通知

实训表单 3-5

领 料 单

领料部门：

日期		材料名称	数量(千克)	单价(元/千克)	金额(元)	材料用途
月	日					
合 计						

财务部门：　　　　　　记账：　　　　　　仓库：　　　　　　领料：

实训表单 3-6-1

差 旅 费 报 销 单

部门：　　　　　　　　　　　年 月 日　　　　　　　　　附单据共　张

姓名		出差事由			出差日期	自 年 月 日 至 年 月 日		共 天				
起讫时间及地点					车船费		出差补助			住宿费		其他
月	日	起	月	日	讫	类别	金额	日数	标准	金额	日数	标准	金额	摘要	金额
小计															
总计金额(大写)															

单位负责人：　　　　财务主管：　　　　记账：　　　　出纳：　　　　报销人：

实训表单 3-6-2

收 据

年 月 日　　　　　　　　　　　　　　　　　　　　　　　　　No.

付 款 单 位		收 款 方 式	
人民币(大写)		¥	
缴款用途			

收款单位：(盖章)　　　　　收款人：　　　　　开票人：

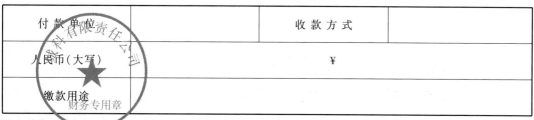

实训表单 3-7

中国工商银行现金存款单（第一联回单）
年　月　日

存款单位	全称									开户银行								
	账号									款项来源								

此联由银行盖章后退回单位

| 人民币（大写） | | | | | | | | | | | 百 | 十 | 万 | 千 | 百 | 十 | 元 | 角 | 分 |

票面	张数	万	千	百	十	元	角	分	票面	张数	百	十	元	角	分
壹百元									壹百元						
伍拾元									伍拾元						
拾元									拾元						
伍元									伍元						
贰元									贰元						
壹元									壹元						

本存款单金额银行全部收讫

（收款银行盖章）

重庆市永川区胜利路支行
2018.1.17
现金收讫

收款员　　　复核员

会计：　　　复核：　　　记账：

实训表单 3-8

重庆市工业企业销售统一发票

全国统一发票监制章
国家税务局监制

购货单位：　　　　　年　月　日　　　　　　　　　　　No

产品或劳务名称	规格	单位	数量	单价	金　额							
					十	万	千	百	十	元	角	分
合计金额（大写）												

第二联　报销凭证

单位盖章：　　　　收款人：　　　　制票人：

实训表单 3-9

重庆市商业零售企业统一发票

购货单位：城科有限责任公司　　2018 年 1 月 19 日　　No.236548

品名	规格	单位	数量	单价	金额 十万千百十元角分
打印纸		箱	2	300	6 0 0 0 0
合计金额（大写）人民币陆佰元整					￥600 00

单位盖章：　　　　　收款人：刘艳　　　　　制票人：王欣

第二联　报销凭证

实训表单 3-10-1

重庆市增值税专用发票

发票联

开票日期：2018年1月21日

购货方	名　　　　称：城科有限责任公司 纳税人识别号：157388567831258 地　址、电　话：渝西区光彩大道666号 023-88888888 开户行及账号：工商银行新华办事处 265489111	密码区	略

货物或应税劳务名称	规格型号	单位	数量	单价	金额	税率	税额
机床		台	1	300 000	300 000	17%	51 000
合　　计					300 000		51 000

价税合计（大写）	⊗ 叁拾伍万壹仟元整	（小写）￥351 000.00

销货方	名　　　　称：光华机床厂 纳税人识别号：65489735001 地　址、电　话：光华路23号 023-65471205 开户行及账号：建设银行光华路办事处 269744356	备注	

收款人：　　　　　复核：　　　　　开票人：　　　　　销货方：（章）

第三联：发票联　购货方记账凭证

实训表单 3-10-2

中国工商银行
转账支票存根

附加信息

出票日期 2018 年 1 月 21 日

收款人：光华机床厂

金　额：¥351 000.00

用　途：购机床

单位主管　　会计

实训表单 3-11-1

重庆市广告业专用发票

客户名称：城科有限责任公司　　2018 年 1 月 22 日　　No.2365478

项目	单位	数量	单价	金额 万千百十元角分	
产品广告	次	20	200	4 0 0 0 0 0	第二联 报销凭证
合计金额（大写）肆仟零佰零拾零元零角零分				¥ 4 0 0 0 0 0	

单位盖章：　　　　收款人：张辉　　　　制票人：扬星

实训表单 3-11-2

中国工商银行
转账支票存根

附加信息

出票日期 2018 年 1 月 22 日

收款人：明亮广告公司

金　额：¥4 000.00

用　途：产品广告费

单位主管　　会计

实训表单 3-12

借款借据(入账通知)

单位编号：3658　　　　　　日期：2018 年 1 月 23 日　　　　　　No. 654789

收款单位	名称	城科有限责任公司	付款单位	名称	工商银行新华办事处
	往来账号	183218866357831678		往来账号	698425661
	开户银行	工商银行胜利路支行		开户银行	工商银行新华办事处

借款金额	人民币(大写)伍拾万元整	千百十万千百十元角分 ¥ 5 0 0 0 0 0 0 0

借款原因及用途	购材料	利率	10%

| 借款期限 | | | 你单位上列借款，已转入你单位结算户内。借款到期时由我行按期自你单位结算账户转还。
此致
(银行盖章)
2018 年 1 月 23 日 |
|---|---|---|---|
| 期限 | 计划还款日期 | 计划还款金额 | |
| 半年 | 2018 年 7 月 23 日 | | |

此联由银行退借款单位作入账通知

实训表单 3-13

中国工商银行进账单(收账通知)

2018 年 1 月 24 日　　　　　　　　　　　　第 14 号

收款人	全称	城科有限责任公司	付款人	全称	宏大公司
	账号	183218866357831678		账号	698745121
	开户银行	工商银行胜利路办事处		开户银行	工商银行大河支行

人民币(大写)伍万陆仟元整	千百十万千百十元角分 ¥ 5 6 0 0 0 0 0

票据种类	转账支票	收款人开户银行盖章
票据张数	1 张	

单位主管会计　　　复核　　　记账

此联是银行交给收款人的回单

实训表单 3-14

托收承付凭证（收账通知）

委托日期：2018 年 1 月 25 日　　　　　　　　　　　　No. 264321

收款人	全　称	城科有限责任公司	付款人	全　称	成都金福公司	此联是银行给收款人的入账通知
	账　号	18321886635783 1678		账　号	236589441	
	开户银行	工商银行胜利路办事处		开户银行	工商银行金福支行	
委托收款金额		人民币（大写）叁拾伍万叁仟叁佰元整			百 十 万 千 百 十 元 角 分 ¥ 3 5 3 3 0 0 0 0	
附寄单据		4	商品发运情况		合同号码　　32564	
备注		款项收托日期 2018 年 1 月 29 日	开户银行盖章		2018 年 1 月 25 日	

实训表单 3-15

中国工商银行电汇凭证（回单）

2018 年 1 月 26 日

付款人	全　称	城科有限责任公司		收款人	全　称	大华钢铁厂		此联是银行交给收款人的回单
	账　号	18321886635783 1678			账　号	67894563200		
	汇出地点	海南省海口市	汇出行名称	工商银行新华办事处	汇入地点	海南省琼海市	汇入行名称	建设银行望江办事处
汇入金额		人民币（大写）柒万元整				千 百 十 万 千 百 十 元 角 分 ¥ 7 0 0 0 0 0 0		
汇款用途		前欠货款			汇出银行盖章 2018 年 1 月 25 日			

实训表单 3-16

重庆市工业企业统一发票

购货单位：大兴收购站　　　　2018 年 1 月 27 日　　　　　　　　No. 236548

品名	规格	单位	数量	单价	金额
					十万 千 百 十 元 角 分
线材	8mm	千克	100	9	¥ 9 0 0 0 0
合计金额（大写）人民币玖佰元整					¥ 9 0 0 0 0

单位盖章：　　　　　收款人：王玲　　　　　制票人：李文

实训表单 3-17

工资费用汇总分配表

2018 年 1 月 30 日　　　　　　　　　　　　　　　　　　　单位：元

车间、部门		应分配金额
车间生产人员工资	甲产品工人	40 000.00
	乙产品工人	20 000.00
	车间生产人员工资合计	60 000.00
车间管理人员		10 000.00
厂部管理人员		5 000.00
专设销售机构人员		3 000.00
合　　计		78 000.00

主管：　　　　　　审核：苏红　　　　　　制单：李二

实训表单 3-18

职工福利费计提表

2018 年 1 月 30 日　　　　　　　　　　　　　　　　　　　单位：元

车间、部门		工资总额	计提比例/%	计提金额
车间生产人员工资	甲产品工人	40 000.00	14	5600.00
	乙产品工人	20 000.00	14	2 800.00
	小计	60 000.00	14	8 400.00
车间管理人员		10 000.00	14	1 400.00
厂部管理人员		5 000.00	14	700.00
专设销售机构人员		3 000.00	14	420.00
合　　计		78 000.00		10 920.00

主管：　　　　　　审核：苏红　　　　　　制单：李二

实训表单 3-19

发料凭证汇总表

2018 年 1 月 31 日　　　　　　　　　　　　　　　　　　　单位：元

项目	原材料	40#圆钢			8mm 线材			合计/元
		数量/吨	单价/（元/吨）	金额/元	数量/吨	单价/（元/吨）	金额/元	
生产成本	甲产品	900	50	45 000	56	30	1 680	46 680
	乙产品	650	50	32 500	51	30	1 530	34 030
制造费用					60	30	1 800	1 800
管理费用					10	30	300	300
合计		1 550		77 500	177		5 310	82 810

实训表单 3-20

预提费用计算表

2018 年 1 月 31 日　　　　　　　　　　　　　　　　　　单位：元

项　　目	银行借款利息	合　　计
厂部管理部门	200.00	200.00
合计		200.00

主管：　　　　　　审核：　　　　　　制单：刘亿

实训表单 3-21

固定资产折旧计算表

2018 年 1 月 31 日

应借科目	使用部门	月初固定资产原值/元	月折旧率/%	月折旧额/元
制造费用	车间	155 850.00	5	7 792.50
管理费用	厂部	103 900.00	3	3 117.00
	合计			109 09.50

主管：　　　　　　审核：　　　　　　制单：刘亿

实训表单 3-22

财产清查报告单

2018 年 1 月 31 日

财产名称	单位	单价/元	账面数量	实存数量	盘盈		盘亏		盘亏原因
					数量	金额/元	数量	金额/元	
塑料材料	千克	400	100	98			2	800	待查
合　　计			100	98			2	800	
处理意见	审批部门				清查小组			使用保管部门	

主管：　　　　保管使用：　　　　制单：陈小　　　　审批：

实训表单 3-23

制造费用分配表

2018 年 1 月 31 日

分 配 对 象	分配标准(生产工人工资)	分 配 率	分 配 金 额
甲产品	40 000		71 528.00
乙产品	20 000		35 764.00
合 计	60 000	1.788 2	107 292.00

主管：　　　　　　　　　审核：　　　　　　　　　制表：刘亿

实训表单 3-24

完工产品成本计算单

2018 年 1 月 31 日　　　　　　　　　　　　单位：元

成 本 项 目	甲产品(200 台)		乙产品(100 台)	
	总成本	单位成本	总成本	单位成本
直接材料	140 000.00	700.00	100 000.00	1000.00
直接人工	36 000.00	180.00	20 000.00	200.00
制造费用	64 000.00	320.00	30 000.00	300.00
合 计	240 000.00	1200.00	150 000.00	1 500.00

主管：　　　　　　　　　审核：王萧　　　　　　　　制表人：刘亿

实训表单 3-25

产品出库单

收货单位　　　　　　　2018 年 1 月 31 日　　　　　　　单位：元

产 品 名 称	计 量 单 位	数 量	单 价	金 额
甲产品	台	200	1 200	240 000.00
乙产品	台	120	1 600	192 000.00
合 计				432 000.00

主管：　　　　　　　　　审核：王萧　　　　　　　　制单人：刘亿

实训四
会计账簿的登记

实训表单 4-1

转 账 凭 证

总 号	
分 号	

年 月 日　　　　　　　　　　　　　　　　附件　　张

摘　要	一级科目	二级明细科目	过账	借方金额 千百十万千百十元角分	贷方金额 千百十万千百十元角分
	合　计				

财会主管　　　　　复核　　　　　记账　　　　　制单

实训表单 4-2

转 账 凭 证

总 号	
分 号	

年 月 日　　　　　　　　　　　　　　　　附件　　张

摘　要	一级科目	二级明细科目	过账	借方金额 千百十万千百十元角分	贷方金额 千百十万千百十元角分
	合　计				

财会主管　　　　　复核　　　　　记账　　　　　制单

实训表单 4-3

付 款 凭 证

总 号	
分 号	

贷方科目_____　　　　　　　年　月　日　　　　　　　　　　　　附件　　张

摘　要	应借科目		过账	金　额
	一级科目	二级及明细科目		亿千百十万千百十元角分
合　计				

财会主管　　　记账　　　出纳　　　复核　　　制单　　　领款人签章

实训表单 4-4

付 款 凭 证

总 号	
分 号	

贷方科目_____　　　　　　　年　月　日　　　　　　　　　　　　附件　　张

摘　要	应借科目		过账	金　额
	一级科目	二级及明细科目		亿千百十万千百十元角分
合　计				

财会主管　　　记账　　　出纳　　　复核　　　制单　　　领款人签章

实训表单 4-5

收 款 凭 证

总 号	
分 号	

借方科目_____　　　　　　　年　月　日　　　　　　　　　　　　附件　　张

摘　要	应贷科目		过账	金　额									
	一级科目	二级及明细科目		亿	千	百	十	万	千	百	十	元	角	分
合　计														

财会主管　　　　记账　　　　出纳　　　　复核　　　　制单

实训表单 4-6

收 款 凭 证

总 号	
分 号	

借方科目_____　　　　　　　年　月　日　　　　　　　　　　　　附件　　张

摘　要	应贷科目		过账	金　额									
	一级科目	二级及明细科目		亿	千	百	十	万	千	百	十	元	角	分
合　计														

财会主管　　　　记账　　　　出纳　　　　复核　　　　制单

实训表单 4-7

总分类账户

科目：生产成本

17年		凭证号数	摘要	借方 百十万千百十元角分	贷方 百十万千百十元角分	借或贷	余额 百十万千百十元角分
月	日						
6	6	转字2号	领用材料	1 3 5 0 0 0 0			

实训表单 4-8

总分类账户

科目：原材料

17年		凭证号数	摘要	借方 百十万千百十元角分	贷方 百十万千百十元角分	借或贷	余额 百十万千百十元角分
月	日						
6	1		期初余额			借	1 0 0 0 0 0 0
6	6		生产领用材料		1 3 5 0 0 0 0	借	8 6 5 0 0 0

实训表单 4-9

总分类账户

科目：库存现金

17年		凭证号数	摘要	借方 百十万千百十元角分	贷方 百十万千百十元角分	借或贷	余额 百十万千百十元角分
月	日						
6	1		期初余额			借	4 1 0 0 0 0
	12		职工借差旅费		3 2 0 0 0 0	借	9 0 0 0 0
	15		销售废料一批	6 9 0 0 0		借	1 5 9 0 0 0

实训表单 4-10

总分类账户

科目：其他应收款

17年		凭证号数	摘要	借方 百十万千百十元角分	贷方 百十万千百十元角分	借或贷	余额 百十万千百十元角分
月	日						
6	1		期初余额			借	1 2 0 0 0 0
	12		职工出差借款	3 2 0 0 0 0		借	4 4 0 0 0 0

实训表单 4-11

总分类账户

科目：其他业务收入

17年		凭证号数	摘要	借方 百十万千百十元角分	贷方 百十万千百十元角分	借或贷	余额 百十万千百十元角分
月	日						
6	3		收取租金		4 0 0 0 0 0		
	15		销售废料一批		6 9 0 0 0		

实训五
账务处理程序

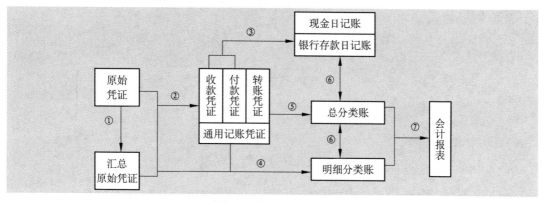

记账凭证账务处理程序的流程

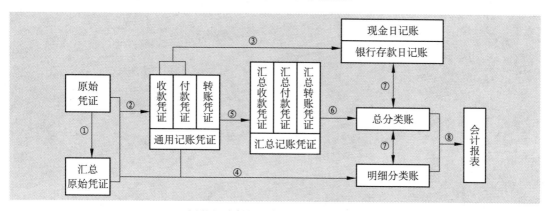

汇总记账凭证账务处理程序的流程

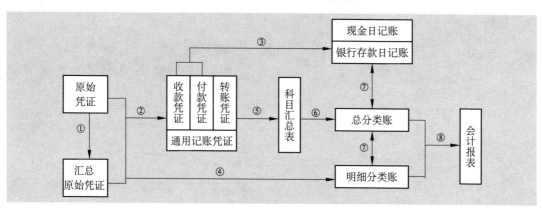

科目汇总表账务处理程序的流程

实训表单 5-1

科目汇总表

____年__月__日至__月__日

编号：

凭证号数	附件共　张
	第　号至　号共　张
	第　号至　号共　张
	第　号至　号共　张

会计科目	总页	借方金额（十亿千百十万千百十元角分）	贷方金额（十亿千百十万千百十元角分）
合　计			

财会主管：　　　　记账：　　　　复核：　　　　制表：

实训表单 5-2

科目汇总表
年 月 日至 月 日

编号：

凭证号数	附件共 张
	第 号至 号共 张
	第 号至 号共 张
	第 号至 号共 张

会计科目	借方金额 十亿千百十万千百十元角分	贷方金额 十亿千百十万千百十元角分	总页	会计科目	借方金额 十亿千百十万千百十元角分	贷方金额 十亿千百十万千百十元角分	总页
合　计				合　计			

财会主管：　　　　　　　记账：　　　　　　　复核：　　　　　　　制表：

实训表单 5-3

总账 _____ 第 ___ 页

年		凭证		摘要	对方科目	日页	借方金额 亿千百十万千百十元角分	贷方金额 亿千百十万千百十元角分	借或贷	余额 亿千百十万千百十元角分
月	日	种类	号数							

实训表单 5-4

总账 _____ 第 ___ 页

年		凭证		摘要	对方科目	日页	借方金额 亿千百十万千百十元角分	贷方金额 亿千百十万千百十元角分	借或贷	余额 亿千百十万千百十元角分
月	日	种类	号数							

实训表单 5-5

总账 _____ 第 ___ 页

年		凭证		摘要	对方科目	日页	借方金额											贷方金额											借或贷	余额										
月	日	种类	号数				亿	千	百	十	万	千	百	十	元	角	分	亿	千	百	十	万	千	百	十	元	角	分		亿	千	百	十	万	千	百	十	元	角	分

实训表单 5-6

总账 _____ 第 ___ 页

年		凭证		摘要	对方科目	日页	借方金额											贷方金额											借或贷	余额										
月	日	种类	号数				亿	千	百	十	万	千	百	十	元	角	分	亿	千	百	十	万	千	百	十	元	角	分		亿	千	百	十	万	千	百	十	元	角	分

实训六
核对表的编制

实训表单 6-1

试算平衡表

年　月　　　　　　　　　　　　　　　　　　　单位：元

科目名称	期 初 余 额		本 期 发 生		期 末 余 额	
	借方	贷方	借方	贷方	借方	贷方

复核：　　　　　　　　　　　　　　　　　制表：

实训表单 6-2

银行存款余额调节表

单位：　　　　　　　　　　　　　　年　月　日

项　目	金　额	项　目	金　额

会计主管：　　　　　　　　　审核：　　　　　　　　　制表：

实训七
会计报表的编制

实训表单 7-1

资产负债表

编制单位： 年 月 日 单位：

资　　产	期末余额	年初余额	负债和所有者权益（或股东权益）	期末余额	年初余额
流动资产：			流动负债：		
货币资金			短期借款		
交易性金融资产			应付票据		
应收票据			应付账款		
应收账款			预收账款		
其他应收款			应付职工薪酬		
预付账款			应付股利		
应收利息			应交税费		
应收股利			其他应付款		
存货			应付利息		
一年内到期的长期债权投资			一年内到期的非流动负债		
其他流动资产			流动负债合计		
流动资产合计			非流动负债：		
非流动资产：			长期借款		
长期股权投资			应付债券		
投资性房地产			长期应付款		
固定资产			其他非流动负债		
固定资产清理			非流动负债合计		
在建工程			负债合计		
工程物资			所有者权益：		
油气资产			实收资本		
无形资产			资本公积		
长期待摊费用			盈余公积		
其他非流动资产			未分配利润		
非流动资产合计			所有者权益合计		
资产总计			负债和所有者权益总计		

单位负责人： 会计主管： 复核： 制表：

实训表单 7-2

利 润 表

编制单位：　　　　　　　　　　　　　年　月　日　　　　　　　　　　　　　单位：

项　　目	本　月　数	本年累计数
一、营业收入		
减：营业成本		
营业税金及附加		
销售费用		
管理费用		
财务费用		
资产减值损失		
加：公允价值变动收益（损失以"－"号填列）		
投资收益（损失以"－"号填列）		
二、营业利润（亏损以"－"号填列）		
加：营业外收入		
减：营业外支出		
三、利润总额（亏损以"－"号填列）		
减：所得税费用		
四、净利润（亏损以"－"号填列）		
五、每股收益		
（一）基本每股收益		
（二）稀释每股收益		

单位负责人：　　　　　　会计主管：　　　　　　复核：　　　　　　制表：

实训九
基础会计综合实训

实训表单 9-1

中国工商银行 转账支票存根 Ⅳ10200144	中国工商银行转账支票（渝） Ⅳ10200144
附加信息 _____ _____ _____ 出票日期　年　月　日 收款人： 金　额： 用　途： 单位主管　　会计	出票日期（大写）　　年　月　日　　付款行名称： 收款人：　　　　　　　　　　　　出票人账号： 人民币（大写）　　　　　千百十万千百十元角分 用途 上列款项请从我账户内支付 出票人签章　　　　　　复核　　　　　　记账

实训表单 9-2-1

领料单（记账联）

领料部门：
用　　途：　　　　　　　　　　年　月　日　　　　　　　　　　　编号：8023

材料类别	材料编号	材料名称	材料规格	计量单位	数量		单价	金额
					请领	实领		

记账：　　　　　　发料：　　　　　　领料部门负责人：　　　　　　领料：

213

实训表单 9-2-2

领料单（记账联）

领料部门：
用　　途：　　　　　　　　　　　年　月　日　　　　　　　　　　编号：8024

| 材料类别 | 材料编号 | 材料名称 | 材料规格 | 计量单位 | 数　量 | | 单价 | 金额 |
					请领	实领		

记账：　　　　　　　发料：　　　　　　　领料部门负责人：　　　　　　　领料：

实训表单 9-3-1

投资协议书

投资单位：光华股份有限公司

被投资单位：重庆杰斯有限责任公司

　　经双方协商，重庆杰斯有限责任公司同意接受光华股份有限公司以货车投资，投资额为 60 000.00 元，全部计入重庆杰斯有限责任公司注册资本，每年按此分配重庆杰斯有限责任公司的净利润。

　　其他条款（略）。

投资人：光华股份有限公司　　　　　　　　被投资人：重庆杰斯有限责任公司
2017 年 12 月 4 日　　　　　　　　　　　　2017 年 12 月 4 日

实训表单 9-3-2

固定资产移交使用验收单

填制部门：资产管理处　　　　　2017 年 12 月 4 日　　　　　　　No. 01602020

投资方	光华股份有限公司			接受投资方		重庆杰斯有限责任公司	
固定资产名称	规格型号	单位	数量	预计使用年限	评估价值	原始价值	已提折旧
货车	东方 58	辆	1	5	60 000.00	100 000.00	
					受资方经办人：×××		

资产管理处：×××　　　　　运输队：×××　　　　　财务部门：×××

实训表单 **9-4-1**

公路、内河货物运输业统一增值税专用发票

抵 扣 联

开票日期：2017年12月5日　　　　　　增值税专用发票号码321456

机打代码	023706875337	税控区	20-163>>6 + > 1<84453>20/463+/92/// *481-8390+9636-6+81-565>310+/-28>63 56496928/-11469/78/6>>06/23-3 <84483>20/463<88443>20/4639/79/5			第二联：抵扣联 付款方抵扣凭证（手写无效）
机打号码	09970578					
机器编号	210168836100					
收货人及纳税人识别号	重庆杰斯有限责任公司 0238546923746854	承运人及纳税人识别号	成都市联运公司 2201478962			
发货人及纳税人识别号	成都市中原贸易公司 2101046541588	主管税务机关及代码	四川国家税务局成都分局 20130097			
运输项目及金额	货物名称　数量　运价　里程　金额 材料　　7 500kg　　　　　　1 200	税率及税额	项目　　税率　　金额 增值税　11%　132.00		备注 起运地：成都 到达地：重庆 运输类型：汽运	
	运输小计　　　¥1 200		税额	¥332.00		
合计（大写）⊗壹仟叁佰叁拾贰元整				（小写）¥1 332.00		
承运人盖章2201478962		收款人：王丽		开票人：×××		

实训表单 **9-4-2**

四川省增值税专用发票

发 票 联

NO0075911
开票日期：2017年12月5日

购货方	名　　　称：重庆杰斯有限责任公司 纳税人识别号：0238546923746854 地　址、电话：重庆市永川区胜利路68号　023 - 68888888 开户行及账号：工商银行永川区支行胜利路分理处 097415222608				密码区	略		第二联：发票联 购货方记账凭证
货物或应税劳务名称	规格型号	单位	数量	单价	金额	税率	税额	
甲材料		千克	3 500	4.98	17 430.00	17%	2 963.10	
乙材料		千克	2 000	6.98	13 960.00	17%	2 373.20	
丙材料		千克	2 000	1.98	3 960.00	17%	673.20	
合　　计			7 500		35 350.00		6 009.50	
价税合计（大写）	⊗肆万壹仟叁佰伍拾玖元伍角整				（小写）¥41 359.50			
销货方	名　　　称：成都市中原贸易公司 纳税人识别号：444566778899900 地　址、电话：成都市芙蓉路2号028 - 234455 开户行及账号：工商银行成都支行芙蓉分理处 654343334566				备注			
收款人：张芝　　　　复核：王桂花　　　　开票人：李鸣　　　　销货方：（章）								

实训表单 9-4-3

运杂费分配表
2017 年 12 月 5 日

材料名称	材料重量/千克	分 配 率	分配金额/元
甲材料			
乙材料			
丙材料			
合计			

制表：　　　　　　会计：　　　　　　复核：　　　　　　主管：

实训表单 9-4-4

中国工商银行 转账支票存根 IV10200145	中国工商银行转账支票（渝）　　IV10200145
附加信息 出票日期　　年 月 日 收款人： 金　　额： 用　　途： 单位主管　　会计	出票日期（大写）　　年　月　日　　付款行名称： 收款人：　　　　　　　　　　　　　　出票人账号： 人民币（大写）　　千 百 十 万 千 百 十 元 角 分 用途 上列款项请从 我账户内支付 出票人签章　　　　　复核　　　　　记账

实训表单 9-5

中国工商银行 转账支票存根 IV10200146	中国工商银行转账支票（渝）　　IV10200146
附加信息 出票日期　　年 月 日 收款人： 金　　额： 用　　途： 单位主管　　会计	出票日期（大写）　　年　月　日　　付款行名称： 收款人：　　　　　　　　　　　　　　出票人账号： 人民币（大写）　　千 百 十 万 千 百 十 元 角 分 用途 上列款项请从 我账户内支付 出票人签章　　　　　复核　　　　　记账

实训表单 9-6-1

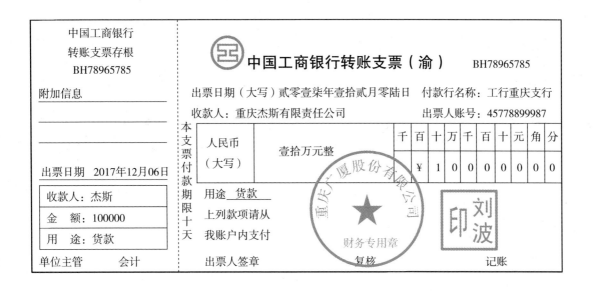

实训表单 9-6-2

中国工商银行进账单（收账通知）
年　月　日

付款人	全称		收款人	全称												
	账号			账号												
	开户银行			开户银行												
金额	人民币（大写）				亿	千	百	十	万	千	百	十	元	角	分	
票据总类		票据张数														
票据号码																
				收款人开户银行签章												
			复核　　　　记账													

此联是银行交给收款人的收账通知

实训表单 9-7

中国工商银行 转账支票存根 IV10200147	中国工商银行转账支票（渝） IV10200147
附加信息 _____ _____ _____ 出票日期　年　月　日 收款人： 金　额： 用　途： 单位主管　　会计	出票日期（大写）　年　月　日　付款行名称： 收款人：　　　　　　　　　　出票人账号： 人民币（大写）　　千百十万千百十元角分 用途 上列款项请从 我账户内支付 出票人签章　　　复核　　　记账（本支票付款期限十天）

实训表单 9-8-1

领料单（记账联）

领料部门：

用　途：　　　　　　　　　　　年　月　日　　　　　　　　　　编号：8026

材料类别	材料编号	材料名称	材料规格	计量单位	数量		单价	金额
					请领	实领		

记账：　　　发料：　　　领料部门负责人：　　　领料：

实训表单 9-8-2

领料单（记账联）

领料部门：

用　途：　　　　　　　　　　　年　月　日　　　　　　　　　　编号：8027

材料类别	材料编号	材料名称	材料规格	计量单位	数量		单价	金额
					请领	实领		

记账：　　　发料：　　　领料部门负责人：　　　领料：

实训表单 9-8-3

领料单（记账联）

领料部门：
用　途：　　　　　　　　　　　年　月　日　　　　　　　　　　　编号：8028

| 材料类别 | 材料编号 | 材料名称 | 材料规格 | 计量单位 | 数量 | | 单价 | 金额 |
					请领	实领		

记账：　　　　　　发料：　　　　　　领料部门负责人：　　　　　　领料：

实训表单 9-9-1

出库单（记账联）

仓库名称：　　　　　　　　　　　年　月　日　　　　　　　　出库编号：533323

产品去向	产品名称	产品规格	计量单位	数量	单价	金额	结算方式
	合　计						

制表：　　　　　　会计：　　　　　　复核：　　　　　　主管：

实训表单 9-9-2

重庆市增值税专用发票

NO234560

此联不作报销、扣税凭证使用　　　　开票日期

购货方	名　　称：				密码区		略		
	纳税人识别号：								
	地　址、电　话：								
	开户行及账号：								
货物或应税劳务名称	规格型号	单位	数量	单价	金额		税率		税额
合　　计									
价税合计（大写）									
销货方	名　　称：				备注				
	纳税人识别号：								
	地　址、电　话：								
	开户行及账号：								

收款人：　　　　复核：　　　　开票人：　　　　销货方：（章）

第三联：记账联　销货方记账凭证

实训表单 9-9-3

中国工商银行
银行汇票 BH356894

付款期 壹个月

出票日期（大写）		兑付地点：	兑付行：	行号：3456
收款人：		账号或地址：		
出票金额人民币（大写）：				
实际结算金额人民币（大写）：				千百十万千百十元角分

汇款人：　　账号或地址：

多余金额	科目(付)	出票行：行号：
	对方科目（收）	汇款用途
百十万千百十元角分	兑付日期　年　月　日	出票行盖章：
	复核　　　记账	

本汇票和解讫通知一并由出票人自带，兑付行兑付汇票后此联作兑付行往账付出传票。

实训表单 9-10

公路、内河货物运输业统一增值税专用发票

抵 扣 联

开票日期： 2017年12月9日　　　　　增值税专用发票号码257896

机打代码	023706875328	税控区	20-163>>6 + > 1<84453>20/463+/92///		第二联：抵扣联　付款方抵扣凭证（手写无效）
机打号码	09970575		*481-8390+9636-6+81-565>310+/-28>63		
机器编号	210168836104		56496928/-11469/78/6>>06/23-3 <84483>20/463<88443>20/4639/79/5		
收货人及纳税人识别号	重庆广厦股份有限公司 2254646541588	承运人及纳税人识别号	重庆市联运公司 2201478962		
发货人及纳税人识别号	重庆杰斯有限责任公司 0238546923746854	主管税务机关及代码	重庆国家税务局永川分局 20130097		
运输项目及金额	货物名称　数量　运价　里程　金额 A产品　　400件　　　　　　　1 000	税率及税额	项目　　税率　　金额 增值税　11%　110.00	备　注 起运地：重庆 到达地：重庆 运输类型：汽运	
运费小计	￥1 000		税额	￥110.00	
合计（大写）	壹仟壹佰壹拾元整			（小写）￥1 110.00	

承运人盖章　　　　　收款人：王丽　　　　　开票人：×××

实训表单 9-11-1

重庆市增值税专用发票

此联不作报销、扣税凭证使用　　　开票日期　　　　　　　　NO234561

购货方	名　　称： 纳税人识别号： 地　址、电　话： 开户行及账号：	税控区	略				第三联：记账联　销货方记账凭证
货物或应税劳务名称	规格型号	单位	数量	单价	金额	税率	税额
合　　计							
价税合计（大写）				（小写）			
销货方	名　　称： 纳税人识别号： 地　址、电　话： 开户行及账号：	备 注					

收款人：　　　　　复核：　　　　　开票人：　　　　　销货方：（章）

实训表单 9-11-2

出库单（记账联）

仓库名称：　　　　　　　　　　　　　　年　月　日　　　　　　　　　　　　出库编号：533324

产品去向	产品名称	产品规格	计量单位	数量	单价	金额	结算方式
	合　计						

制表：　　　　　　　　会计：　　　　　　　　复核：　　　　　　　　主管：

实训表单 9-11-3

中国工商银行进账单（收账通知）

年　月　日

付款人	全　称		收款人	全　称			亿	千	百	十	万	千	百	十	元	角	分
	账　号			账　号													
	开户银行			开户银行													
金额	人民币（大写）																
票据总类		票据张数															
票据号码																	

复核　　　　记账　　　　　　　　收款人开户银行签章

此联是银行交给收款人的收账通知

实训表单 9-12

中国工商银行 现金支票存根 IV10200398	中国工商银行现金支票（渝）　　IV10200398
附加信息 出票日期　年　月　日 收款人： 金　额： 用　途： 单位主管　　　会计	出票日期（大写）　　年　月　日　　付款行名称： 收款人：　　　　　　　　　　　　出票人账号： 人民币（大写）　　　　千百十万千百十元角分 用途 上列款项请从 我账户内支付 出票人签章　　　　　复核　　　　　记账

实训表单 9-13

中国工商银行电汇凭证(回单)1

□普通 □加急　　　　委托日期　年　月　日

汇款人	全称				收款人	全称				此联是汇出行交给汇款人的回单
	账号					账号				
	汇出地点	省		市/县		汇入地点	省		市/县	
汇出行名称					汇入行名称					
金额	人民币（大写）						亿 千 百 十 万 千 百 十 元 角 分			

支付密码

附加信息及用途：

汇出行签章　　　　　　　　　　　　复核：　　　记账：

实训表单 9-14-1

中国工商银行电汇凭证(回单)

□普通 □加急　　　　委托日期　年　月　日

汇款人	全称				收款人	全称				此联是汇出行交给汇款人的回单
	账号					账号				
	汇出地点	省		市/县		汇入地点	省		市/县	
汇出行名称					汇入行名称					
金额	人民币（大写）						亿 千 百 十 万 千 百 十 元 角 分			

支付密码

附加信息及用途：

汇出行签章　　　　　　　　　　　　复核：　　　记账：

实训表单 9-14-2

重庆市增值税专用发票

NO0075911
开票日期 2017年12月12日

购货方	名　　　称：重庆杰斯有限责任公司 纳税人识别号：0238546923746854 地　址、电　话：重庆市永川区胜利路68号 023－68888888 开户行及账号：工商银行永川支行胜利路分理处 097415222608	密码区	略

货物或应税劳务名称	规格型号	单位	数量	单价	金额	税率	税额
丙材料		千克	10 000	1.95	19 500.00	17%	3 315.00
合　　计			10 000		19 500.00		3 315.00
价税合计（大写）	⊗ 贰万贰仟捌佰壹拾伍元整				（小写）￥22 815.00		

| 销货方 | 名　　　称：重庆市旺富贸易公司
纳税人识别号：876544097612345
地　址、电　话：重庆市海秀87号 023－8989675
开户行及账号：工商银行重庆支行海秀分理处 8765678997855 | | 重庆市旺富贸易公司
发票专用章
税号：876544097612345 |

收款人：杨芝　　　复核：李桂花　　　开票人：肖鸣　　　销货方：（章）

第二联：发票联 购货方记账凭证

实训表单 9-15

中国工商银行 转账支票存根 BH10200523	中国工商银行现金支票（渝）　　BH10200523
附加信息 _____ _____ _____ 出票日期　年　月　日 收款人： 金　额： 用　途： 单位主管　　　会计	出票日期（大写）　　年　月　日　　付款行名称： 收款人：　　　　　　　　　　　　　出票人账号： 人民币 （大写）　　　　　　　　　千 百 十 万 千 百 十 元 角 分 用途 上列款项请从 我账户支付 出票人签章　　　　　　复核　　　　　　记账

本支票付款期限十天

实训表单 9-16-1

重庆市增值税专用发票
记 账 联

NO234562
开票日期

购货方	名　　称：重庆杰斯有限责任公司 纳税人识别号：0238546923746854 地　址、电　话：重庆市永川区胜利路68号 023-68888888 开户行及账号：工商银行永川支行胜利路分理处 097415222608	密码区	略
货物或应税劳务名称	规格型号	单位	数量	单价	金额	税率	税额

合　计							
价税合计（大写）			（小写）				
销货方	名　　称： 纳税人识别号： 地　址、电　话： 开户行及账号：						

收款人：　　　　　复核：　　　　　开票人：　　　　　销货方：（章）

第三联：记账联 销货方记账凭证

实训表单 9-16-2

中国工商银行进账单(收账通知)3
年　月　日

付款人	全　称		收款人	全　称	
	账　号			账　号	
	开户银行			开户银行	
金额	人民币 （大写）			亿 千 百 十 万 千 百 十 元 角 分	
票据总类		票据张数			
票据号码					

　　　　　　　　　复核　　　　记账　　　　收款人开户银行签章

此联是银行交给收款人的收账通知

实训表单 9-16-3

中国工商银行 转账支票存根 BH10200523	中国工商银行现金支票（渝） BH10200523
附加信息 出票日期　年　月　日 收款人： 金　额： 用　途： 单位主管　　会计	出票日期（大写）　年　月　日　付款行名称： 收款人：　　　　　　　　　出票人账号： 人民币（大写）　　　　　千百十万千百十元角分 用途 上列款项请从 我账户支付 出票人签章　　　　复核　　　　记账

实训表单 9-16-4

出库单（记账联）

仓库名称：　　　　　　　　　年　月　日　　　　　　出库编号：533325

产品去向	产品名称	产品规格	计量单位	数量	单价	金额	结算方式
	合　计						

制表：　　　　　　会计：　　　　　　复核：　　　　　　主管：

实训表单 9-17

收料单（记账联）

供货单位：　　　　　　　　　　　　　　　　　　　　　　No.433221
发票号码：　　　　　　　　　年　月　日　　　　　　收货仓库：

| 材料类别 | 材料名称 | 材料规格 | 计量单位 | 数量 | | 单价 | 金额 |
				应收	实收		

采购：　　　　　质量检验：　　　　　收料：　　　　　制单：

实训表单 9-18

借 款 单

借款单位： 　　　　　　　　　　　年 月 日

借款事由：
人民币(大写)：
备注：
单位负责人：　　　　　　　借款人：

实训表单 9-19-1

重庆市增值税专用发票

此联不作报销、扣税凭证使用　　　　　　NO234563

开票日期

第三联：记账联　销货方记账凭证

购货方	名　　称：					密码区	略		
	纳税人识别号：								
	地址、电话：								
	开户行及账号：								
货物或应税劳务名称	规格型号	单位	数量	单价	金额		税率	税额
合　　计								
价税合计（大写）					（小写）			
销货方	名　　称：					备注			
	纳税人识别号：								
	地址、电话：								
	开户行及账号：								

收款人：　　　　　复核：　　　　　开票人：　　　　　销货方：（章）

实训表单 9-19-2

出库单（记账联）

仓库名称：　　　　　　　　　年 月 日　　　　　　出库编号：533326

产品去向	产品名称	产品规格	计量单位	数量	单价	金额	结算方式
			合　　计				

制表：　　　　　会计：　　　　　复核：　　　　　主管：

实训表单 9-19-3

中国工商银行进账单（收账通知）
年　月　日

付款人	全　称		收款人	全　称		此联是银行交给收款人的收账通知
	账　号			账　号		
	开户银行			开户银行		
金额	人民币 （大写）		亿 千 百 十 万 千 百 十 元 角 分			
票据总类		票据张数				
票据号码						
		复核　　　　记账	收款人开户银行签章			

实训表单 9-20

原材料成本计算表
2017 年 12 月 20 日　　　　　　　　　　　　　　单位：元

成本项目	丙材料	
	总成本（20 000 千克）	单位成本
买价		
采购费用		
原材料成本		

实训表单 9-21

预付账款分摊计算表
编制部门：财务部　　　2017 年 12 月 20 日　　　　　　　　　　单位：元

项　目	月摊销率	每月摊销额
报纸杂志	略	100.00

财务主管：×××　　　　会计：×××　　　　制单：×××

实训表单 9-22-1

中国工商银行 转账支票存根 Ⅳ10200147	中国工商银行转账支票（渝） Ⅳ10200147
附加信息	出票日期（大写） 年 月 日 付款行名称：
	收款人： 出票人账号：
出票日期 年 月 日	人民币（大写） 千百十万千百十元角分
收款人：	用途
金　额：	上列款项请从
用　途：	我账户支付
单位主管 会计	出票人签章 复核 记账

实训表单 9-22-2

重庆市邮政局报刊发行发票

| 地税 | 发票局联 | NO.8765540 |

户名：重庆杰斯有限责任公司
地址：

报刊代号	报刊名称	起止订期	订阅销售 份数	每月季单价	总款合计
3-656	重庆日报	2018年	6	300	¥1200.00

开据人员：卫委   收费大员：夏雪

实训表单 9-23

中国工商银行电汇凭证（回单）1

□普通 □加急   委托日期 年 月 日

汇款人	全　称		收款人	全　称		此联是汇出行交给汇款人的回单
	账　号			账　号		
	汇出地点	省 市/县		汇入地点	省 市/县	
汇出行名称			汇入行名称			
金额	人民币（大写）				亿千百十万千百十元角分	

支付密码
附加信息及用途：

汇出行签章   复核   记账

实训表单 9-24

处理无法收回的坏账损失的通知

财务部：
　　客户李杰应收账款 3 500 元无法收回，经研究决定将无法收回的李杰应收账款 3 500 元，确认为坏账损失。请财务部确认办理。

重庆杰斯有限责任公司
2017.12.21

实训表单 9-25

差旅费报销单

部门：　　　　　　　　　　　　　　　年　月　日　　　　　　　　　　　附单据共　张

姓名		出差事由			出差日期	自　年　月　日 至　年　月　日		共　天				
起讫时间及地点					车船费		出差补助			住宿费		其他	
月	日	起	月	日	讫	类别	金额	日数	标准	金额	日数	标准	金额	摘要	金额
小计															

总计金额（大写）

单位负责人：　　　　　　财务主管：　　　　　　记账：　　　　　　出纳：　　　　　　报销人：

实训表单 9-26

工资汇总分配表

年　月　日　　　　　　　　　　　　　　　　单位：

车间、部门		应分配金额	应计科目
车间生产人员工资	A 产品工人		
	B 产品工人		
	车间生产人员工资合计		
车间管理人员工资			
企业管理人员工资			
合　　计			

主管：　　　　　　　　　　审核：　　　　　　　　　　制单：

实训表单 9-27

职工福利费计提表
2017 年 12 月 31 日

车间、部门		工资总额/元	计提比例/%	计提金额/元	应计科目/元
车间生产人员工资	A 产品工人				
	B 产品工人				
	小计				
车间管理人员					
企业管理人员					
合　　计					

主管：　　　　　　　　　审核：　　　　　　　　　制单：

实训表单 9-28

固定资产折旧计算表
2017 年 12 月 31 日　　　　　　　　　　　　　第 034 号

部　　门	本月固定资产原值	月折旧率/%	月折旧额
车间固定资产折旧	略	略	2 000
企业管理部门折旧	略	略	1 200
合　　计			3 200

实训表单 9-29

房屋租金摊销分配表
2017 年 12 月 31 日　　　　　　　　　　　　　第 035 号业务

部　　门	待摊费用	合　　计
企业管理部门	房屋租金	1 000
合　　计	—	1 000

会计：　　　　　　记账：　　　　　　稽核：　　　　　　制单：

实训表单 9-30

制造费用分配表
2017 年 12 月 31 日

产品名称	生产工人工资/元	分 配 率	分配金额/元
合　计			

会计主管：　　　　　　　　　　　审核：　　　　　　　　　　　制表：

实训表单 9-31

入库单（记账联）

生产部门：　　　　　　　　　年　月　日　　　　　　　　　No.34563

编号	产品名称	规格	计量单位	检验结果		数量		单位成本	总成本
				合格	不合格	应收	实收		
合　计									

主管　　　　　　　　　记账　　　　　　　　　仓库保管　　　　　　　　　质量检测

实训表单 9-32

产品生产成本计算表

2017 年 12 月 31 日　　　　　　　　　　　　　　　　　　　　单位：元

成本项目		A 产品		B 产品	
		总成本（　　件）	单位成本	总成本（　　件）	单位成本
直接材料	甲材料				
	乙材料				
	丙材料				
直接人工	工资				
	福利费				
制造费用					
产品生产成本合计					

制表：　　　　　　会计：　　　　　　复核：　　　　　　主管：

实训表单 9-33

收 款 收 据

收款日期：　　　　　　　　年　月　日　　　　　　　　　　　　　No. 23408

今收到：_____

交　来：_____

人民币（大写）_____¥

备注：

收款单位：（盖章）　　　　　　收款人：　　　　　　经办人：

实训表单 9-34

科目汇总表

编号：_____ 实训编号：_____

凭证号数	附件共 张
	第___号至___号共___张
	第___号至___号共___张
	第___号至___号共___张

年 月 日 至 月 日

会计科目	总页	借方金额 十亿千百十万千百十元角分	贷方金额 十亿千百十万千百十元角分
合　计			

会计科目	总页	借方金额 十亿千百十万千百十元角分	贷方金额 十亿千百十万千百十元角分
合　计			

财会主管：　　　　　记账：　　　　　复核：　　　　　制表：

实训表单 9-35

科目汇总表

年 月 日至 月 日

编号：

凭证号数	附件共
	第 号至 号 共 张
	第 号至 号 共 张
	第 号至 号 共 张

会计科目	总页	借方金额 (十亿千百十万千百十元角分)	贷方金额 (十亿千百十万千百十元角分)	会计科目	总页	借方金额 (十亿千百十万千百十元角分)	贷方金额 (十亿千百十万千百十元角分)
合　计				合　计			

财会主管：　　　　　　　　记账：　　　　　　　　复核：　　　　　　　　制表：

实训表单 9-36

科目汇总表

编号：_____
年　月　日至　月　日

凭证号数	附件共　　张
	第　　号至　　号共　　张
	第　　号至　　号共　　张
	第　　号至　　号共　　张

会计科目	总页	借方金额 十亿千百十万千百十元角分	贷方金额 十亿千百十万千百十元角分	会计科目	总页	借方金额 十亿千百十万千百十元角分	贷方金额 十亿千百十万千百十元角分
合　计				合　计			

财会主管：　　　　　记账：　　　　　复核：　　　　　制表：

实训表单 9-37

科目汇总表

编号：_____ 　　　年　月　日至　月　日

凭证号数	附件共　张
	第　号至　号共　张
	第　号至　号共　张
	第　号至　号共　张

会计科目	总页	借方金额											贷方金额											
		十亿	亿	千	百	十	万	千	百	十	元	角	分	十亿	亿	千	百	十	万	千	百	十	元	角	分
合　计																									

会计科目	总页	借方金额											贷方金额											
		十亿	亿	千	百	十	万	千	百	十	元	角	分	十亿	亿	千	百	十	万	千	百	十	元	角	分
合　计																									

财会主管：　　　　　　记账：　　　　　　复核：　　　　　　制表：

实训表单 9-38

账簿启用及交接表

机构名称								
账簿名称					印　鉴			
账簿编号	（第　　　册）							
账簿页数	本账簿共计　　　页 （本账簿页数 检点人盖章）							
启用日期	公元　　年　　月　　日							
经管人员	负责人		主办会计		复核		记账	
	姓名	盖章	姓名	盖章	姓名	盖章	姓名	盖章
接交记录	职别	姓名	接管			交出		
			年	月	日	年	月	日
					盖章			盖章
备注								

实训表单 9-39

账簿启用及交接表

机构名称					印 鉴			
账簿名称								
账簿编号								
账簿页数	本账簿共计　　页（第　　册）							
启用日期	公元　　年　　月　　日（本账簿页数检点人盖章）							
经管人员	负责人		主办会计		复核		记账	
	姓名	盖章	姓名	盖章	姓名	盖章	姓名	盖章
接交记录	职别		姓名		接管 年 月 日		交出 年 月 日	
备注								

实训表单 9-40

账簿启用及交接表

机构名称								
账簿名称							印 鉴	
账簿编号	（第　　册）							
账簿页数	本账簿共计　　页（本账簿页数检点人盖章）							
启用日期	公元　年　月　日							
经管人员	负责人		主办会计		复核		记账	
	姓名	盖章	姓名	盖章	姓名	盖章	姓名	盖章
接交记录	职别		姓名		接管		交出	
					年 月 日		年 月 日	盖章
备注								

实训表单 9-41

账簿启用及交接表

机构名称								印鉴	
账簿名称						（第　　　册）			
账簿编号									
账簿页数			本账簿共计　　　页			（本账簿页数检点人盖章）			
启用日期		公元　　年　　月　　日							
经管人员	负责人		主办会计		复核		记账		
	姓名	盖章	姓名	盖章	姓名	盖章	姓名	盖章	
接交记录	职别	姓名		接管			交出		
				年	月	日	年	月	日
备注									

实训表单 9-42

账簿启用及交接表

机构名称				印 鉴	
账簿名称			（第　　册）		
账簿编号					
账簿页数	本账簿共计　　页（本账簿页数检点人盖章）				
启用日期	公元　　年　　月　　日				
经管人员	负责人盖章	主办会计盖章	复核盖章	记账盖章	
	姓名	姓名	姓名	姓名	
	职别				
接交记录	经管人员	接管		交出	
	姓名	年　月　日		年　月　日	盖章
备注					

实训表单 9-43

账簿启用及交接表

机构名称					印鉴	
账簿名称			（第　　册）			
账簿编号						
账簿页数		本账簿共计　　页　（本账簿页数检点人盖章）				
启用日期	公元　　年　　月　　日					
经管人员	负责人		主办会计		复核	记账
	姓名	盖章	姓名	盖章	姓名　盖章	姓名　盖章
接交记录	职别	姓名	经管人员	接管		交出
			年　月　日	年　月　日		年　月　日
备注						

实训表单 9-44

账簿目录表

账户名称	账号	总页码	账户名称	账号	总页码	账户名称	账号	总页码

实训表单 9-45

账簿目录表

账户名称	账号	总页码	账户名称	账号	总页码	账户名称	账号	总页码

实训表单 9-46

账簿目录表

账户名称	账号	总页码	账户名称	账号	总页码	账户名称	账号	总页码

实训表单 9-47

账簿目录表

账户名称	账号	总页码	账户名称	账号	总页码	账户名称	账号	总页码

实训表单 9-48

账簿目录表

账户名称	账号	总页码	账户名称	账号	总页码	账户名称	账号	总页码

实训表单 9-49

账簿目录表

账户名称	账号	总页码	账户名称	账号	总页码	账户名称	账号	总页码

印花税票及重庆杰斯有限责任公司财务专用章

实训表单 9-50

资产负债表

编制单位：　　　　　　　　　　　　　　年　月　日　　　　　　　　　　　　　　单位：

资　　产	期末余额	年初余额	负债和所有者权益（或股东权益）	期末余额	年初余额
流动资产：			流动负债：		
货币资金			短期借款		
交易性金融资产			应付票据		
应收票据			应付账款		
应收账款			预收账款		
其他应收款			应付职工薪酬		
预付账款			应付股利		
应收利息			应交税费		
应收股利			其他应付款		
存货			应付利息		
一年内到期的长期债权投资			一年内到期的非流动负债		
其他流动资产			流动负债合计		
流动资产合计			非流动负债：		
非流动资产：			长期借款		
长期股权投资			应付债券		
投资性房地产			长期应付款		
固定资产			其他非流动负债		
固定资产清理			非流动负债合计		
在建工程			负债合计		
工程物资			所有者权益：		
油气资产			实收资本		
无形资产			资本公积		
长期待摊费用			盈余公积		
其他非流动资产			未分配利润		
非流动资产合计			所有者权益合计		
资产总计			负债和所有者权益总计		

单位负责人：　　　　　　会计主管：　　　　　　复核：　　　　　　制表：

实训表单 9-51

利 润 表

编制单位： 年 月 单位：

项　　目	本　月　数	本年累计数
一、营业收入		
减：营业成本		
营业税金及附加		
销售费用		
管理费用		
财务费用		
资产减值损失		
加：公允价值变动收益（损失以"－"号填列）		
投资收益（损失以"－"号填列）		
二、营业利润（亏损以"－"号填列）		
加：营业外收入		
减：营业外支出		
三、利润总额（亏损以"－"号填列）		
减：所得税费用		
四、净利润（亏损以"－"号填列）		
五、每股收益		
（一）基本每股收益		
（二）稀释每股收益		

单位负责人： 会计主管： 复核： 制表：

实训表单 9-52

会 计 报 表

企业名称_____

_____（年度）
_____（季度）
_____（月度）

企业负责人_____　会计主管人员_____
制　　　表_____　制 表 日 期_____

参 考 文 献

[1] 王鸿艳. 会计综合模拟实训[M]. 哈尔滨：哈尔滨工程大学出版社，2011.
[2] 楼土明. 基础会计模拟实训[M]. 北京：中国财政经济出版社，2015.
[3] 马智祥. 会计综合技能实训[M]. 北京：清华大学出版社，2017.
[4] 李占国. 基础会计学综合模拟实训[M]. 北京：高等教育出版社，2016.